Grammatik & Wortschatz
Spanisch
ganz leicht

Wortschatz: Oliver Sparisci
Grammatik: Carmen de Miguel

Hueber Verlag

3. 2. 1.   Die letzten Ziffern
2016   15   14   13   12   bezeichnen Zahl und Jahr des Druckes.
Alle Drucke dieser Auflage können, da unverändert,
nebeneinander benutzt werden.
1. Auflage
© 2012 Hueber Verlag GmbH & Co. KG, 85737 Ismaning, Deutschland
Umschlaggestaltung: creative partners gmbh, München
Umschlagfoto: © iStockphoto/Matthew Dixon
Umschlagzeichnungen: © Adrian Sonnberger, www.die-illustration.de
Layout: Holger Latzel und Sarah-Vanessa Schäfer, Hueber Verlag, Ismaning (Grammatik)
Satz: Satz + Layout Fruth GmbH, München (Wortschatz), Memminger MedienCentrum AG,
       Memmingen (Grammatik)
Druck und Bindung: Auer Buch + Medien GmbH, Donauwörth
Printed in Germany
ISBN 978–3–19–109498–0

Spanisch ganz leicht Grammatik & Wortschatz bietet rund 1700 besonders gebräuchliche Wörter und Wortverbindungen der spanischen Sprache mit ihren deutschen Entsprechungen sowie eine Übersicht über die Grammatik. Die Auswahl der Vokabeln orientiert sich an den Vorgaben des „Gemeinsamen Europäischen Referenzrahmens" auf dem Niveau B1.

Zu nahezu allen Worteinträgen finden Sie einen oder mehrere Beispielsätze, die den Gebrauch im Kontext verdeutlichen. Zahlreiche Querverweise machen auf weitere Verwendungen eines Wortes unter einem anderen Eintrag aufmerksam. So gibt es z.b. für das Wort *acompañar* (begleiten) den Querverweis zu *companía* (Gesellschaft) und für *rellenar* (füllen) den Querverweis zu *lleno* (voll).

Die übersichtliche zweispaltige Präsentation der spanischen Einträge und ihrer deutschen Übersetzung, die Anwendungsbeispiele, die Hinweise zur Aussprache sowie die Grammatikübersicht machen das Buch zu einem vielseitig einsetzbaren Hilfsmittel. Es wird Ihnen beim Vokabellernen, Nachschlagen in Zweifelsfällen, Kontrollieren der eigenen Fertigkeiten und beim Verständnis von Syntax und Grammatik nützlich sein.

Verwendete Abkürzungen: *Adj.* für Adjektiv, *Adv.* für Adverb, *Inf.* für Infinitiv, *Konj.* für Konjunktion, *m.* für männlich, *f.* für weiblich, *Pl.* für Plural, *Präp.* für Präposition, *V. tr.* für transitives Verb, *V. intr.* für intransitives Verb, *Subst.* für Substantiv.

Und nun wünschen wir Ihnen viel Spaß und Erfolg beim Lernen!

A

a
Vamos a Madrid.
Está al norte de Madrid.
Desayuno a las siete.
al otro lado
a 100 metros de aquí

nach; im; um; auf; von ... entfernt
Wir fahren nach Madrid.
Es liegt im Norden von Madrid.
Ich frühstücke um sieben.
auf der anderen Seite
100 Meter von hier

abajo → bajo

unten; hinunter

abogado, abogada
Julio es abogado en una empresa.

Rechtsanwalt, Rechtsanwältin
Julio ist Rechtsanwalt in einer Firma.

abrazo
Me dio un abrazo.
(en cartas) Con un fuerte abrazo.

Umarmung
Er hat mich umarmt.
(in Briefen) Ich umarme dich ganz
herzlich.

abrir
¿Me abres la botella?
Los domingos no abren.

öffnen, aufmachen
Könntest du mir die Flasche aufmachen?
Am Sonntag öffnen sie nicht.

absoluto
¡Silencio absoluto!
No comprendo absolutamente nada.

absolut, vollkommen
Absolute Ruhe, bitte!
Ich verstehe absolut gar nichts.

en absoluto
No me molesta en absoluto.

rundweg; überhaupt nicht
Es stört mich überhaupt nicht.

abuelo, abuela; abuelos
Mis abuelos se han ido a vivir al campo.

Großvater, Großmutter; Großeltern
Meine Großeltern sind aufs Land
gezogen.

abundante
La comida es abundante en este
restaurante.

reichlich
Das Essen in diesem Restaurant ist
reichlich.

aburrirse
Nos hemos aburrido mucho en la fiesta.

sich langweilen
Auf dem Fest haben wir uns sehr
gelangweilt.

aburrido
El libro es bastante aburrido.

langweilig
Das Buch ist ziemlich langweilig.

acabar de

Pedro acaba de salir.
No acabo de comprenderlo.

soeben etwas getan haben; jmd. etwas
gelingen
Pedro ist gerade gegangen.
Ich kann es nicht verstehen.

accidente (m.)
Han tenido un accidente con el coche.

Unfall
Sie haben einen Autounfall gehabt.

acción (f.)
Es una acción de los sindicatos.
La película no tiene acción.
Las acciones han subido / bajado
mucho.

Tat; Initiative; Handlung; Aktie
Es ist eine Initiative der Gewerkschaften.
Der Film hat keine Handlung.
Die Aktien sind sehr gestiegen / gefallen.

aceite (m.)
El aceite está en la cocina.
Tengo que cambiar el aceite del coche.

Öl
Das Öl ist in der Küche.
Ich muss Ölwechsel machen.

aceptar
En el hotel no aceptan tarjetas de
crédito.

annehmen
Im Hotel werden keine Kreditkarten
angenommen.

acerca de → **cerca**

bezüglich; über

acercarse → **cerca**

sich jemandem oder etwas nähern

acoger
Le acogieron con mucho cariño.

aufnehmen; empfangen
Sie haben ihn sehr freundlich
aufgenommen.

acompañar → **compañía**

begleiten

aconsejar → **consejo**

empfehlen

acontecimiento
el gran acontecimiento político del año

Ereignis
das politische Ereignis des Jahres

acordarse
No me acuerdo exactamente.

sich erinnern
Ich kann mich nicht genau erinnern.

acortar
Si vamos por este camino, acortaremos.

(ab)kürzen
Wenn wir hier entlang gehen, kürzen wir
etwas ab.

acostarse
No se acuesta nunca tan temprano.

sich hinlegen; ins Bett gehen
Er geht sonst nie so früh ins Bett.

acostumbrarse → **costumbre**

sich gewöhnen an

actitud (f.)
una actitud optimista

Einstellung
eine optimistische Einstellung

activo
Es la persona más activa que conozco.

aktiv
Er ist der aktivste Mensch, den ich kenne.

actividad (f.)
una actividad interesante

Beschäftigung; Tätigkeit
eine interessante Tätigkeit

actual
la situación actual
¿Cuál es el cambio actual del euro?

aktuell, derzeitig
die derzeitige Lage
Welcher ist der aktuelle Euro-Kurs?

actualidad (f.)
Es un tema de gran actualidad.

Aktualität
Es ist ein Thema von großer Aktualität.

acuerdo
Por fin llegaron a un acuerdo.

Einigung; Abkommen
Endlich sind sie zu einer Einigung
gekommen.

de acuerdo
No estoy de acuerdo.
Entonces quedamos a las cuatro,
¿de acuerdo?

einverstanden
Ich bin nicht einverstanden.
Also um vier Uhr. Einverstanden?

acusar
Le han acusado de robo.

anklagen; beschuldigen
Er ist wegen Raub angeklagt.

acusado/a

El acusado lo negó todo.

1. (Subst.) Angeklagte/r; 2. (Adj.)
angeklagt
Der Angeklagte hat alles geleugnet.

adecuado
No encuentro la palabra adecuada.

geeignet, passend
Ich finde das geeignete Wort nicht.

inadecuado
Fue una respuesta inadecuada.

unangebracht, unpassend
Es war eine unangebrachte Antwort.

adelante
Tenemos que seguir adelante.
¡Adelante!, pase Vd., por favor.

vor; vorwärts; weiter; herein!
Wir müssen weiter machen.
Herein! Treten Sie bitte ein.

adelantar

Así, no adelantamos nada.

beschleunigen; vorauszahlen;
voranbringen
So kommen wir nicht voran.

además
No tengo tiempo, además estoy
cansado.
Déme, además, un kilo de tomates.

außerdem
Ich habe keine Zeit, außerdem bin ich
müde.
Geben Sie mir außerdem noch ein Kilo
Tomaten.

adiós
Adiós, hasta luego.

tschüss
Tschüss, auf Wiedersehen!

administración
Trabaja en la administración pública.
¿Quién lleva la administración de la
empresa?

Verwaltung
Er arbeitet bei der Verwaltung.
Wer ist zuständig für die Verwaltung der
Firma?

admirar
¿Por qué admiras tanto a ese hombre?

bewundern
Warum bewunderst du diesen Mann so
sehr?

admiración
Se merece nuestra admiración.

Bewunderung
Er verdient unsere Bewunderung.

admitir
Admito que me he equivocado.
En ese club no te admiten sin
recomendación.

zugeben; aufnehmen, zulassen
Ich gebe zu, mich geirrt zu haben.
*In diesen Club nimmt man dich nicht
ohne Empfehlung auf.*

adonde
El pueblo adonde vamos está cerca.

wohin; in
*Das Dorf, in das wir fahren, liegt in der
Nähe.*

adónde
¿Adónde va Vd.?

wohin?
Wohin fahren Sie?

aduana
un empleado de la aduana
He tenido que pagar aduana.

Zoll
ein Zollbeamter
Ich habe Zollgebühren zahlen müssen.

adulto/a
dos adultos y tres niños

der / die Erwachsene
zwei Erwachsene und drei Kinder

advertir
Le advierto que el agua no es potable.

Le advirtió que tuviera cuidado.

warnen
*Ich warne Sie, das Wasser ist nicht
trinkbar.*
Er warnte ihn, dass er aufpassen solle.

aéreo
Las cartas a México, por correo aéreo.

Luft-
*Die Briefe nach Mexiko gehen mit
Luftpost.*

aeropuerto
Le llevaré en mi coche al aeropuerto.

Flughafen
*Ich werde Sie mit meinem Auto zum
Flughafen bringen.*

afectuoso
(al final de la carta) Saludos afectuosos

herzlich
(am Briefende) Herzliche Grüße

afeitarse
Los domingos no me afeito.

sich rasieren
Am Sonntag rasiere ich mich nicht.

aficionado
Soy aficionado, no soy músico
profesional.
Es un aficionado al fútbol.

Liebhaber, Amateur; Fan
*Ich bin ein Amateur, kein professioneller
Musiker.*
Er ist ein Fußballfan.

afirmar
Lo que afirma no es exacto.

behaupten
Was er behauptet, ist nicht richtig.

afortunadamente
Afortunadamente no ha pasado nada.

zum Glück
Glücklicherweise ist nichts passiert.

agencia de viajes
En la agencia de viajes te dan folletos.

Reisebüro
Im Reisebüro bekommt man Prospekte.

agradable
El tiempo es muy agradable.

angenehm
Das Wetter ist sehr angenehm.

agradecer
Le agradezco mucho su carta.

danken
Ich danke Ihnen sehr für Ihren Brief.

agradecido
Le estoy muy agradecido por todo lo
que hace.

dankbar
*Ich bin Ihnen sehr dankbar für alles, was
Sie tun.*

agricultura
El ministro de Agricultura va a Bruselas.

Landwirtschaft
*Der Minister für Landwirtschaft fährt
nach Brüssel.*

agrícola (Adj.)

los productos agrícolas

*landwirtschaftlich; Landwirtschafts-,
Agrar-*
die Agrarprodukte

agua
Un vaso de agua, por favor.

Wasser
Ein Glas Wasser, bitte.

agua mineral
una botella de agua mineral

Mineralwasser
eine Flasche Mineralwasser

aguantar
No aguanto estos dolores.

aushalten
Ich halte diese Schmerzen nicht aus.

agujero
Tienes un agujero en el calcetín.

Loch
Du hast ein Loch im Strumpf.

ahí
Ahí en la mesa están los vasos.

dort
Dort auf dem Tisch sind die Gläser.

ahora
Bueno, qué le vamos a hacer ... ¿Ahora,
qué os parece si ...?
Ahora lo comprendo todo.

jetzt; nun
*Gut, was können wir da schon tun...
Nun, was meint ihr, wenn ...?*
Jetzt verstehe ich alles.

ahorrar
Estamos ahorrando para hacer un viaje.

sparen
Wir sparen, um eine Reise zu machen.

aire (m.)
Me gusta el aire de la montaña.

Luft
Ich liebe die Bergluft.

aislado
un caso aislado
Se encontraba completamente aislado.

abgeschieden, isoliert; vereinzelt
ein vereinzelter Fall
Er war völlig isoliert.

alcanzar
¿Quieres alcanzarme esa maleta de ahí
arriba?
No me alcanza el dinero para
comprarlo.

erreichen; reichen
*Könntest du mir den Koffer von dort oben
reichen?*
*Mir reicht das Geld nicht, um es zu
kaufen.*

alcohol (m.)
El médico le ha prohibido el alcohol.

Alkohol
Der Arzt hat ihm Alkohol verboten.

alegre
Pepe es el más alegre de la familia.
¡Qué alegre está Vd. hoy!

fröhlich; lustig
Pepe ist der lustigste in der Familie.
Wie fröhlich Sie heute sind!

alegrarse
Me alegro de que hayas venido.

sich freuen
Ich freue mich, dass du gekommen bist.

alegría
¡Qué alegría me ha dado!

Freude; Fröhlichkeit
Was hat es mir für eine Freude gemacht!

alejarse → **lejos**

sich entfernen; weggehen

algo
¿Quieres algo de beber?
¿Puedo ayudarle en algo?
Estoy algo nervioso hoy.

etwas
Möchtest du etwas trinken?
Kann ich Ihnen bei etwas helfen?
Heute bin ich etwas nervös.

algodón
una camisa de algodón

Baumwolle
ein Baumwollhemd

alguien
¿Me ha llamado alguien por teléfono?

jemand
Hat jemand für mich angerufen?

alguno
Alguno de mis amigos.

einer; irgendeiner
einer meiner Freunde

alquilar
He alquilado un piso.
Allí alquilan apartamentos.

mieten; vermieten
Ich habe eine Wohnung gemietet.
Dort vermieten sie Wohnungen.

alrededor de
Alrededor de la casa hay un jardín.
Cuesta alrededor de cientocincuenta
   euros.

um ... herum; ungefähr
Das Haus ist von einem Garten umgeben.
Es kostet ungefähr hundertfünfzig Euro.

alrededores
Vive en los alrededores de la ciudad.

Umgebung
Er wohnt in der Umgebung der Stadt.

al revés
No me ha comprendido, es al revés.

Ahora lo ha hecho todo al revés.
Se ha puesto el jersey al revés.

umgekehrt; verkehrt
Er hat mich nicht verstanden, es ist
*   umgekehrt.*
Jetzt hat er alles verkehrt gemacht.
Er hat den Pullover verkehrt herum
*   angezogen.*

alto
Andrés es más alto que su hermano.
No hable Vd. tan alto, por favor.

hoch; groß; laut
Andrés ist größer als sein Bruder.
Sprechen Sie nicht so laut, bitte!

altura
El Pico de Orizaba tiene más de
5.000 metros de altura.

Höhe
Der Pico de Orizaba hat eine Höhe von
mehr als 5000 Metern.

alumno, alumna
La clase tiene 30 alumnos.

Schüler, Schülerin
In der Klasse sind 30 Schüler.

allá
¿Vamos allá?
Allá, en mi tierra, hace calor todo el
año.

dort; dorthin
Gehen wir dorthin?
Dort in meiner Heimat, ist es das ganze
Jahr über warm.

allí
Allí hay una mesa libre.

da, dort; dorthin
Da ist ein freier Tisch.

amable
Gracias, es Vd. muy amable.

freundlich; liebenswürdig
Vielen Dank, das ist sehr freundlich von
Ihnen.

amabilidad
Gracias por su amabilidad.

Liebenswürdigkeit; Güte
Danke für Ihre Liebenswürdigkeit.

amargo
El café está muy amargo.

bitter
Der Kaffee schmeckt sehr bitter.

amarillo
El coche nuevo de Pilar es amarillo.

gelb
Das neue Auto von Pilar ist gelb.

ambiente
Había mucho ambiente en la fiesta.

Ambiente; Stimmung
Auf dem Fest gab es viel Stimmung.

medio ambiente
un medio ambiente sin contaminación

Umwelt
eine Umwelt ohne Verschmutzung

ambulancia
La ambulancia lo llevó al hospital.

Krankenwagen
Der Krankenwagen hat ihn ins
Krankenhaus gebracht.

a mediados de
a mediados de febrero

Mitte ... (Monat)
Mitte Februar

amenaza
No lo digo como amenaza.

Drohung
Ich sage es nicht als Drohung.

amenazar
Le han amenazado con echarle a la
calle.

drohen
Man hat ihm gedroht, ihn rauszuwerfen.

a menudo → menudo

häufig

amigo, amiga
Es un buen amigo mío.
(en la carta) Querida amiga:

Freund, Freundin
Es ist ein guter Freund von mir.
(in Briefen) Liebe Freundin,

amistad
Para él, la amistad es lo más importante.
Tenemos mucha amistad con Paco.

Freundschaft
Für ihn ist Freundschaft das Wichtigste.

Wir sind mit Paco gut befreundet.

amistades
Tengo muchas amistades en España.

Freundschaften
Ich habe viele Freunde in Spanien.

amor
una película de amor
Ella es el gran amor de su vida.

Liebe
ein Liebesfilm
Sie ist die große Liebe in seinem Leben.

amplio
La sala es bastante amplia.

weit; groß; geräumig
Der Saal ist ziemlich groß.

amueblado → mueble

möbliert

análisis
Me han hecho un análisis de sangre.

Analyse; Untersuchung
Sie haben mir eine Blutuntersuchung gemacht.

ancho
Este pantalón es demasiado ancho.

breit; weit
Diese Hose ist zu weit.

andar
El niño está empezando a andar.

gehen; laufen
Das Kind beginnt gerade zu laufen.

¡Anda!
¡Anda, no te enfades!

Komm schon!
Komm, ärgere dich nicht!

animal
Me gustan mucho los animales.

Tier
Ich liebe Tiere.

anoche → noche

gestern Abend

ante (Präp.)
Ante esta situación, no sabía qué hacer.

vor (m. Dat); angesichts (m. Gen.)
Angesichts dieser Situation wusste ich nicht, was ich tun sollte.

anteayer → ayer

vorgestern

antemano → de antemano

im Voraus

anterior
No habla nunca de su vida anterior.
Este caso es anterior al que te refieres.

vorhergehend, früher; älter
Er spricht nie von seinem früheren Leben.
Dieser Fall ist älter als der, auf den du dich beziehst.

antes
Se lo he dicho ya antes.
Antes, todo era diferente.

früher; vorher
Ich habe es ihm schon früher gesagt.
Früher war alles anders.

antes de
Tome la medicina antes de las
  comidas.
Antes de entrar dejen salir.

vor
Nehmen Sie das Medikament vor den
  Mahlzeiten.
Lassen Sie aussteigen, bevor Sie
  einsteigen.

antes (de) que
Antes que venga él.

bevor
bevor er kommt

antiguo
Es una casa antigua.
Es un antiguo amigo.

alt; antik
Es ist ein altes Haus.
Es ist ein alter Freund.

antipático
El jefe de personal es muy antipático.

unsympathisch
Der Personalchef ist sehr unsympathisch.

anuncio
Y ahora, un anuncio importante.
¿Ha leído los anuncios?

Meldung; Bekanntmachung; Anzeige
Und jetzt, eine wichtige Meldung.
Haben Sie die Anzeigen gelesen?

anunciar
Lo acaban de anunciar por radio.

melden; ansagen
Sie haben es soeben im Radio angesagt.

añadir
No tengo nada más que añadir.
Hay que añadir un poco de sal.

hinzufügen; dazugeben
Ich habe weiter nichts hinzuzufügen.
Man muss etwas Salz dazugeben.

año
el año que viene
¡Feliz Año Nuevo!
¿Cuántos años tiene?

Jahr
nächstes Jahr
Frohes Neues Jahr!
Wie alt ist er?

apagar
Apague la luz, por favor.

ausmachen
Machen Sie bitte das Licht aus.

aparato
un aparato eléctrico

Gerät, Apparat
ein Elektrogerät

aparcar
Prohibido aparcar.

parken
Parken verboten!

aparcamiento
El aparcamiento está detrás del
  hotel.

Parkplatz
Der Parkplatz befindet sich hinter dem
  Hotel.

aparecer
Juan todavía no ha aparecido en la
  fiesta.

aufkommen, erscheinen
Juan ist noch nicht auf dem Fest
  erschienen.

desaparecer
Está mejor, los dolores han
  desaparecido.

verschwinden
Es geht ihm besser, die Schmerzen sind
  verschwunden.

apartamento
Se alquilan apartamentos de 1, 2 y 3 habitaciones.

Wohnung
Es sind 1-, 2- und 3-Zimmer-Wohnungen zu vermieten.

aparte
Envuélvame este libro aparte, por favor.

für sich; beiseite; gesondert; extra
Wickeln Sie mir dieses Buch bitte gesondert ein.

aparte de
Aparte de ese problema, nuestras relaciones son buenas.

abgesehen von
Abgesehen von diesem Problem sind unsere Beziehungen gut.

apellido
¿Su apellido, por favor?

Nachname
Ihren Nachnamen, bitte?

apenas
Tiene apenas 18 años.

gerade (einmal)
Er ist gerade 18 Jahre alt.

a pesar de
A pesar de su mal carácter, la gente le aprecia.

trotz
Trotz seines schlechten Charakters schätzen ihn die Leute.

apetito
Está enfermo, no tiene apetito.

Appetit
Er ist krank, er hat keinen Appetit.

apoyar
Debemos apoyar al señor Gutiérrez.
Apoya la mesa un momento contra la pared.

unterstützen; anlehnen
Wir müssen Herrn Gutiérrez unterstützen.
Lehne den Tisch einen Moment an die Wand.

apoyo
Contamos con su apoyo.

Unterstützung
Wir rechnen mit Ihrer Unterstützung.

apreciar
Un buen vino siempre se aprecia.

schätzen
Ein guter Wein wird immer geschätzt.

aprender
Quiero aprender español.
Aprende a trabajar con el ordenador.

lernen
Ich möchte Spanisch lernen.
Er lernt, mit dem Computer zu arbeiten.

apretar
¡Apriétalo más fuerte!

drücken
Drück stärker drauf!

aprobar
Ha aprobado el examen.
Le han aprobado en el examen.

anerkennen; bestehen
Er hat die Prüfung bestanden.
Man hat seine Prüfung anerkannt.

a propósito
¿Lo habrá hecho a propósito?

mit Absicht
Ob er es mit Absicht getan hat?

aprovechar
(antes de comer) ¡Que aproveche!
Quiero aprovechar bien mi tiempo.

nutzen; nützen
(vor dem Essen) Guten Appetit!
Ich möchte meine Zeit gut nutzen.

aprovecharse de
aprovecharse de una persona /
   situación

ausnützen, zu Nutze machen
eine Situation / eine Person ausnützen

apuntar
Voy a apuntar el horario de los trenes.

notieren, aufschreiben
Ich notiere den Zugfahrplan.

apunte
¿Me dejas los apuntes de la clase?

Mitschrift, Notiz
Gibst du mir die Mitschrift aus dem
   Unterricht?

aquel, aquella, aquello

der dort, die dort, das dort; jener, jene,
   jenes

aquí
¿Me puedo sentar aquí?
¡Ven aquí, por favor!
Aquí tiene mi pasaporte.

hier; hierher
Darf ich mich hier hinsetzen?
Komm hierher, bitte!
Hier ist mein Pass.

árbol
Mira los árboles del parque.

Baum
Sieh die Bäume im Park an!

arma
armas de fuego
las Fuerzas Armadas

Waffe
Schusswaffen
die Streitkräfte

armado/a

un hombre armado

1. (Adj.) bewaffnet; 2. (Subst.)
   Bewaffneter
ein bewaffneter Mann

armario
Es un armario de madera muy antiguo.

Schrank
Es ist ein sehr antiker Holzschrank.

arrancar
Hay que arrancar estas plantas.
El coche arranca.

ausreißen; anspringen, losfahren
Man muss diese Pflanzen ausreißen.
Das Auto fährt los.

arreglar
Voy a arreglar la casa.
No me pueden arreglar el coche hasta
   mañana.

in Ordnung bringen; reparieren
Ich bringe das Haus in Ordnung.
Vor morgen können sie mein Auto nicht
   reparieren.

arreglarse
Carmen tarda mucho en arreglarse
   por las mañanas.

sich herrichten
Carmen braucht am Morgen viel Zeit, um
   sich herzurichten.

arreglárselas
Se las arregla con poco dinero.

auskommen
Er kommt mit wenig Geld aus.

arriba
Arriba vive una familia muy simpática.

oben; nach oben
Oben wohnt eine sehr sympathische
   Familie.

arroz
El plato del día es arroz con pollo.

Reis
Das Tagesgericht ist Hähnchen mit Reis.

arte
una exposición de arte moderno

Kunst
eine Ausstellung moderner Kunst

artista (m./f.)
Viene de una familia de artistas.

Künstler, Künstlerin
Er stammt aus einer Künstlerfamilie.

artístico
Son objetos artísticos de gran valor.

künstlerisch; Kunst-
Es sind sehr wertvolle Kunstobjekte.

artículo
un artículo sobre política internacional

Artikel
ein Artikel über internationale Politik

asado

Prefiero el pollo asado con ensalada.

un asado de ternera

1. (Adj.) gegrillt; 2. (Subst.) Grillbraten,
   Grillfleisch
Ich bevorzuge gegrilltes Hähnchen mit
   Salat.
ein Grillbraten vom Kalb

ascensor
El ascensor no funciona.

Aufzug
Der Aufzug funktioniert nicht.

asco
¡Qué asco! ¡Qué sucio está todo!

Ekel
Wie Ekelhaft! Wie schmutzig alles ist!

así
¡Así es! ¡Tiene razón!
Así estará Vd. más cómoda.
¿No tienen una cosa así?

so
So ist es! Sie haben Recht.
So werden Sie sich bequemer fühlen.
Haben sie so etwas nicht?

asiento
Dejé la cartera en el asiento de atrás.

Haga el favor de tomar asiento.

Sitz, Platz
Ich habe die Brieftasche auf dem Rücksitz
   gelassen.
Bitte nehmen Sie Platz!

asistir
Lleva semanas sin asistir al curso.

beiwohnen; teilnehmen
Seit Wochen nimmt er nicht am Kurs teil.

aspecto
Tiene buen aspecto.
La cuestión tiene varios aspectos.

Aussehen; Aspekt
Er sieht gut aus.
Die Angelegenheit hat verschiedene
   Aspekte.

asunto
Es un asunto muy desagradable.

Esto es asunto mío.

Angelegenheit
Es ist eine sehr unangenehme
   Angelegenheit.
Das geht nur mich etwas an.

ataque
No era un ataque personal.
Tuvo un ataque de nervios.

Angriff
Das war kein persönlicher Angriff.
Er hat einen Nervenanfall bekommen.

atención
Atención, el tren de Vigo llega con
retraso.
¡Cuántas atenciones ha tenido
conmigo!

Achtung; Aufmerksamkeit
Achtung, der Zug aus Vigo hat
Verspätung!
Wie aufmerksam von Ihnen!

atento
Ha estado muy atento a lo que le
explicamos.

aufmerksam
Er ist unseren Erklärungen aufmerksam
gefolgt.

atentamente
(en cartas) Le saluda atentamente

hochachtungsvoll
(als Briefschluss) Hochachtungsvoll

ateo/a
No cree en Dios, es ateo.

1. (Subst.) Atheist/in; 2. (Adj.) atheistisch
Er glaubt nicht an Gott, er ist ein Atheist.

atractivo
una chica atractiva

attraktiv, anziehend
ein anziehendes Mädchen

atraer
Quiere atraer siempre la atención de
todos.

anziehen; auf sich ziehen
Er möchte immer die Aufmerksamkeit
aller auf sich ziehen.

atrás
Un metro más atrás, por favor.
Entramos por la puerta de atrás.

hinten; nach hinten, zurück
Einen Meter zurück, bitte!
Wir sind durch die Hintertür
hineingekommen.

atravesar
Después de atravesar el puente, verá
Vd. la iglesia.

überqueren
Nachdem Sie die Brücke überquert haben,
werden Sie die Kirche sehen.

a través de
Recibí la noticia a través de una
amiga.

durch; mittels
Ich habe die Nachricht durch eine
Freundin erhalten.

atreverse
No me atrevo, me da miedo.
No me atrevo a decírselo.

wagen
Ich wage es nicht, ich habe Angst davor.
Ich wage nicht, es ihm zu sagen.

aumentar
Ha aumentado el número de
habitantes.
Le han aumentado el sueldo.

zunehmen; wachsen, steigen; erhöhen
Die Einwohnerzahl ist gestiegen.

Sie haben ihm den Lohn erhöht.

aumento
un aumento de sueldo

Anstieg; Erhöhung
eine Gehaltserhöhung

aún
Aún no tenemos noticias.

noch
Noch haben wir keine Nachrichten.

aunque
Lo haré aunque tengo poco tiempo.

Aunque se lo dijera, no se lo creería.

obwohl; auch wenn
Ich werde es tun, obwohl ich wenig Zeit habe.
Auch wenn ich es ihm sagen sollte, würde er es nicht glauben.

autobús
¿Cuánto cuesta ir en autobús?

Bus
Was kostet es, mit dem Bus zu fahren?

automático

Es un servicio automático.
Hay un automático a la entrada.

1. (Adj.) automatisch, 2. (Subst.) Automat
Es ist ein automatischer Dienst.
Es gibt einen Automaten am Eingang.

automóvil
Es el nuevo automóvil de la SEAT.

Auto
Das ist das neue Auto von SEAT.

automovilista (m./f.)
Los automovilistas tienen una gran responsabilidad.

Autofahrer/in
Autofahrer haben eine große Verantwortung.

autonomía

España tiene 17 Autonomías.

Autonomie; Selbstständigkeit; Selbstverwaltung
In Spanien gibt es 17 selbst verwaltete Regionen.

autopista
La nueva autopista funciona desde junio.

Autobahn
Die neue Autobahn ist seit Juni in Betrieb.

autoridades
A la fiesta asistieron las autoridades del lugar.

Behörden
Am Fest nahmen Vertreter der örtlichen Behörden teil.

autoservicio
un restaurante de autoservicio

Selbstbedienung
ein Selbstbedienungsrestaurant

autostop
Se fueron hasta Málaga haciendo autostop.

Autostopp; per Anhalter
Sie sind per Anhalter bis nach Málaga gefahren.

avanzar
Hemos avanzado bastante en nuestros estudios.

weitergehen; fortschreiten
Wir sind in unserem Studium ziemlich weit fortgeschritten.

avenida
avenidas, plazas y parques

Allee
Allen, Plätze und Parks

avergonzarse → vergüenza

sich schämen

avería
una avería del coche

Schaden; Panne
eine Autopanne

avión
Voy en avión.

Flugzeug
Ich fliege mit dem Flugzeug.

avisar
Avíseme cuando llegue.

melden; Bescheid sagen
Sagen Sie mir Bescheid, wenn Sie
  angekommen sind.

ayer
Ayer salimos de excursión.

gestern
Gestern haben wir einen Ausflug
  gemacht.

anteayer
Anteayer fuimos a casa de Paco.

vorgestern
Vorgestern sind wir zu Paco nach Hause
  gegangen.

ayudar
¿Quiere que le ayude?

helfen
Möchten Sie, dass ich Ihnen helfe?

ayuda
Su ayuda es muy importante.

Hilfe
Ihre Hilfe ist sehr wichtig.

ayuntamiento
Queremos visitar el ayuntamiento.
El Ayuntamiento quiere construir más
  aparcamientos.

Rathaus; Gemeinderat
Wir möchten das Rathaus besuchen.
Der Gemeinderat möchte mehr
  Parkplätze schaffen.

azúcar
Tomo el café con mucho azúcar.

Zucker
Kaffee trinke ich mit viel Zucker.

azul
Este color azul me gusta mucho.

1. (Subst.) Blau; 2. (Adj.) blau
Dieses Blau gefällt mir sehr.

B

bailar
Los sábados, solemos ir a bailar.

tanzen
Am Samstag gehen wir meistens tanzen.

baile
Es un baile típico de la región.

Tanz; Ball
Das ist ein typischer Tanz der Region.

bajar

Baje Vd. en la próxima parada.

Baje Vd. las maletas, por favor.
La temperatura ha bajado.

aussteigen; heruntergehen;
  herunterbringen; sinken
Steigen Sie an der nächsten Haltestelle
  aus!
Bringen Sie die Koffer herunter, bitte!
Die Temperatur ist gesunken.

bajo

No, no, Pepe no es bajo.
¿Por qué habla Vd. tan bajo?
Abajo hay un estanco.
En el piso de abajo viven mis padres.

1. (Adj) niedrig; klein; 2. (Adv.) leise;
3. (Präp.) unter
Nein, nein, Pepe ist nicht klein.
Warum sprechen Sie so leise?
Unten gibt es einen Tabakladen.
Im unteren Stockwerk wohnen meine
   Eltern.

balcón
El piso tiene dos balcones.

Balkon
Die Wohnung hat zwei Balkons.

banco
Tengo que pasar por el banco.

Bank
Ich muss bei der Bank vorbeigehen.

bañar
Voy a bañar a los niños.

baden
Ich bade die Kinder.

bañarse
Me he bañado en la piscina.

baden; sich waschen
Ich habe im Schwimmbad gebadet.

baño
una habitación con baño

Bad
ein Zimmer mit Bad

bar
el bar de enfrente

Bar
die Bar gegenüber

barato
Es más barato ir en tren.

billig
Es ist billiger mit dem Zug zu fahren.

barco
El barco sale a las ocho.

Schiff
Das Schiff fährt um acht.

barrio
Este barrio no es muy seguro por las
   noches.

Viertel
Dieses Viertel ist in der Nacht nicht
   besonders sicher.

base
Debemos encontrar una base común
   de discusión.

Basis
Wir müssen eine gemeinsame
   Diskussionsbasis finden.

a base de
La tortilla se hace a base de huevos
   y patatas.

auf der Basis von
Diese Tortilla macht man mit Eiern und
   Kartoffeln.

bastar
No basta para vivir.
Basta de tonterías.

genügen
Es genügt nicht, um zu leben.
Genug mit dem Blödsinn.

bastante
Hace bastante calor.
No tengo bastante.

ziemlich; genug
Es ist ziemlich heiß.
Ich habe nicht genug.

basura
No han venido a recoger la basura.

Müll
Der Müll ist nicht abgeholt worden.

bautizo
Mañana es el bautizo del niño.

Taufe
Morgen wird das Kind getauft.

beber
¿Qué toma Vd. para beber?

trinken
Was nehmen Sie zu trinken?

bebida
A ver qué bebidas tenemos en la nevera.

Getränk
Schauen wir mal, was für Getränke im Kühlschrank sind.

belleza
En esta región hay paisajes de gran belleza.

Schönheit
In dieser Gegend gibt es Landschaften von großer Schönheit.

beso
Me despido con un beso cariñoso.

Kuss
Ich verabschiede mich mit einem liebevollen Kuss.

biblioteca
Encontrarás este libro en la Biblioteca Nacional.

Bibliothek
Dieses Buch wirst du in der Staatsbibliothek finden.

bicicleta, bici
¿Salimos en bicicleta el domingo?

Fahrrad
Machen wir am Sonntag eine Radtour?

bien
Estoy muy bien.
Está bien.
Habla Vd. bien el español.
Bien, como tú quieras, nos quedamos.

gut
Mir geht es sehr gut.
Das ist gut. / O.K.
Sie sprechen gut Spanisch.
Gut, wie du willst, wir bleiben.

billete
un billete de avión
un billete de cincuenta euros

Fahrkarte; Ticket; Geldschein
ein Flugticket
ein 50-Euro-Schein

blanco
una camisa blanca

weiß
ein weißes Hemd

blando
La carne está muy blanda.
Él consume drogas blandas.

zart; leicht
Das Fleisch ist sehr zart.
Er nimmt leichte Drogen.

blusa
una blusa de algodón

Bluse
eine Baumwollbluse

boca
Se quedó con la boca abierta.

Mund
Er blieb mit offenem Mund stehen.

bocadillo
un bocadillo de jamón

belegtes Brötchen
ein belegtes Brötchen mit Schinken

boda
La boda se celebrará el domingo.

Hochzeit
Die Hochzeit wird am Sonntag
stattfinden.

bolígrafo
¿Me prestas un momento tu bolígrafo?

Kugelschreiber
Leihst du mir einen Moment deinen
Kugelschreiber?

Bolsa / bolsa
Yo, de la bolsa no entiendo nada.

Börse
Ich verstehe nichts von der Börse.

bolso
Mi pasaporte y el dinero están en el
bolso.

Beutel; Handtasche
Mein Pass und das Geld sind in der
Handtasche.

bolsillo
Lleva el dinero en el bolsillo.

Hosentasche
Er trägt das Geld in der Hosentasche.

bolsa
Las botellas están en la bolsa de
plástico.

Tüte; Tragetasche
Die Flaschen sind in der Plastiktüte.

bomba
Para el agua tenemos una bomba.
Menos mal que la policía ha
encontrado la bomba.

Pumpe; Bombe
Für das Wasser haben wir eine Pumpe.
Zum Glück hat die Polizei die Bombe
gefunden.

bonito
¡Qué bonita es esta playa!

schön
Wie schön dieser Strand ist!

bosque
La casa está cerca del bosque.

Wald
Das Haus liegt in der Nähe des Waldes.

botella
La botella está vacía.

Flasche
Die Flasche ist leer.

botón
Te falta un botón en la chaqueta.
apretar un botón

Knopf
Dir fehlt ein Knopf an der Jacke.
einen Knopf drücken

brazo
Me duele el brazo derecho.

Arm
Mir tut der rechte Arm weh.

breve
En el periódico hay una nota breve
sobre el accidente.

kurz
In der Zeitung steht eine kurze Nachricht
über den Unfall.

broma
Esta clase de broma no me gusta.
Lo digo en broma.

Witz; Scherz
Diese Art von Witzen gefällt mir nicht.
Ich sage es im Scherz.

bueno
Buenos días.
Buenas tardes. / Buenas noches.

¡Qué día tan bueno!
Es un buen amigo.
Buenas noches, hasta mañana.
Buenos días, ¡qué frío hace hoy!
Bueno, otra cosa ...
Bueno, yo estoy de acuerdo también
   contigo.

buscar
Voy a buscar mis gafas.
Busco trabajo en España.

gut; schön
Guten Tag.
Guten Tag. / Guten Abend. (von 12.00
   bis Einbruch der Dunkelheit „Buenas
   tardes", danach „Buenas noches")
Was für ein schöner Tag!
Er ist ein guter Freund.
Gute Nacht, bis morgen.
Guten Morgen. Was für eine Kälte heute!
Gut, noch was ...
Ja gut, ich bin mit dir einverstanden.

suchen; holen
Ich gehe meine Brille holen.
Ich suche Arbeit in Spanien.

C

caballo
Los caballos argentinos son famosos.

Pferd
Die argentinischen Pferde sind berühmt.

caber
Ya no cabe nada en el armario.

passen; Platz haben
In den Schrank passt nichts mehr.

cabeza
Me duele la cabeza.

Kopf
Mir tut der Kopf weh.

cada
Cada piso tiene un precio diferente.
¡Cada día estás más guapa!

jeder, jede, jedes
Jede Wohnung hat einen anderen Preis.
Jeden Tag siehst du besser aus!

cada uno
Aquí cada uno hace lo que quiere.

jeder
Hier tut jeder, was er will.

caer
Ha caído mucha nieve.

fallen
Es ist viel Schnee gefallen.

caerse
¿Se ha caído Vd.?

hinfallen
Sind Sie hingefallen?

café
Un café con leche, por favor.
Un café solo / cortado.

Kaffee
Einen Kaffee mit Milch, bitte.
Einen Kaffee (ohne Milch) / mit etwas
   Milch.

cafetería
Podemos comer algo en la cafetería.

Cafeteria, Snackbar
Wir können etwas in der Cafeteria essen.

caja
La caja es demasiado grande.
Pague Vd. en la caja.

Schachtel; Kiste; Kasse
Die Kiste ist zu groß.
Zahlen Sie an der Kasse!

calefacción
La casa tiene calefacción central.

Heizung
Das Haus hat eine Zentralheizung.

calidad
Todo ha sido de una calidad
extraordinaria.

Qualität
Alles war von vorzüglicher Qualität.

caliente
La sopa está muy caliente.

warm; heiß
Die Suppe ist sehr heiß.

calor
¡Qué calor hace!
¡Qué calor tengo!

Hitze; Wärme
Was für eine Hitze!
Wie warm mir ist!

callar
Me hizo callar.

schweigen, nichts mehr sagen
Er hat mich nichts mehr sagen lassen.

callarse
Cállate y no digas tonterías.

still sein
Sei still und rede keinen Blödsinn!

calle
Es una calle muy tranquila.

Straße
Es ist eine sehr ruhige Straße.

cama
¡Hasta mañana, me voy a la cama!

Bett
Bis morgen, ich gehe ins Bett!

cámara
Es una cámara fotográfica alemana.

Kammer; Fotoapparat
Es ist ein deutscher Fotoapparat.

camarero
Camarero, la cuenta, por favor.

Kellner
(Herr Ober), die Rechnung, bitte!

cambiar
El tiempo ha cambiado.
No necesita cambiar, el autobús es
directo.
Voy al banco a cambiar.
¿Y por qué has cambiado de opinión?

ändern; sich ändern; wechseln; umsteigen
Das Wetter hat sich geändert.
*Sie brauchen nicht umzusteigen, der Bus
fährt direkt dahin.*
Ich gehe zur Bank, um zu wechseln.
*Und warum hast du deine Meinung
geändert?*

cambio
Se nota mucho el cambio político.
¿Cómo está hoy el cambio del dólar?

Wechsel
Man spürt den politischen Wechsel.
*Wie ist heute der Wechselkurs für den
Dollar?*

camino
Siga Vd. este camino.
Tu amigo lleva mal camino.

Weg
Gehen Sie auf diesem Weg weiter.
Dein Freund ist auf dem falschen Weg.

camión
Chocamos contra un camión.

Lastwagen
Wir sind mit einem Lastwagen
zusammengestoßen.

camisa
una camisa blanca

Hemd
ein weißes Hemd

camping
El camping está completo.
Me gusta hacer camping.

Campingplatz; Zeltplatz
Der Campingplatz ist voll.
Ich zelte gern.

campo
Vamos de paseo al campo.
¿Le gusta vivir en el campo?
un campo de deportes

Feld; Land; Platz
Wir machen einen Ausflug aufs Land.
Gefällt es Ihnen, auf dem Land zu leben?
ein Sportplatz

   campesino, campesina
   Muchos campesinos emigran a las
   grandes ciudades.

Bauer, Bäuerin; Landleute
Viele Landleute ziehen in die großen
Städte.

cansar
Cansa escuchar siempre lo mismo.

ermüden; müde machen
Es ermüdet immer dasselbe zu hören.

   cansarse
   Hoy me he cansado bastante.

müde werden
Heute bin ich ziemlich müde geworden.

   descansar
   Voy a descansar un rato.

ausruhen
Ich werde ein wenig ausruhen.

   descanso
   El jueves es su día de descanso.
   Diez minutos de descanso.

Ruhe; Pause
Der Donnerstag ist sein Ruhetag.
Zehn Minuten Pause.

cantar
Pepe canta y toca la guitarra.

singen
Pepe singt und spielt Gitarre.

   cantante
   Para ser cantante tienes que saber
   cantar.

Sänger
Um Sänger zu werden, muss man singen
können.

   canción
   Sus canciones son muy populares.
   Otra vez la misma canción

Lied
Seine Lieder sind sehr bekannt.
Noch einmal dasselbe Lied.

cantidad
¡Qué cantidad de gente!
una cantidad de dinero

Menge; Summe
Was für eine Menschenmenge!
eine Geldsumme

capaz
¿A que no eres capaz de hacerlo?

fähig; in der Lage
Wetten, dass du dazu nicht fähig bist?

   incapaz
   Me siento incapaz de decírselo.

unfähig
Ich fühle mich nicht in der Lage, es ihm
zu sagen.

capital (f./m.)
La capital tiene cuatro millones de habitantes.
La empresa tiene dos millones de capital.

1. (f.) Hauptstadt; 2. (m.) Kapital
Die Hauptstadt hat vier Millionen Einwohner.
Die Firma hat ein Kapital von zwei Millionen.

capitalismo
Habló sobre el capitalismo en su conferencia.

Kapitalismus
In seinem Vortrag hat er über Kapitalismus gesprochen.

capitalista (m./f.)

el mundo capitalista

1. (Adj.) kapitalistisch; 2. (Subst.) Kapitalist
die kapitalistische Welt

cara
Tengo que lavarme la cara.
No pongas esa cara.

Gesicht; Miene
Ich muss mir das Gesicht waschen.
Setz nicht so eine Miene auf!

carácter
Tiene un carácter muy fuerte.

Charakter
Er hat einen sehr starken Charakter.

cárcel
Esta cárcel está en malas condiciones.

Gefängnis
Dieses Gefängnis ist in schlechtem Zustand.

cargar
Hay que cargar el camión antes de las cinco.

beladen, aufladen
Der Lastwagen muss vor fünf voll beladen sein.

cariño
Le tengo mucho cariño.

Liebe; Zuneigung
Ich habe ihn sehr lieb.

cariñoso
Es muy cariñosa con sus hijos.
Te mando un cariñoso saludo.

liebevoll; zärtlich
Sie ist sehr liebevoll zu ihren Kindern.
Ich schicke dir einen lieben Gruß.

carne
¡Qué dura es esta carne!

Fleisch
Wie zäh dieses Fleisch ist!

carné
Su carné, por favor.

Ausweis
Ihren Ausweis, bitte!

carné de conducir
¿Tiene Vd. carné de conducir?

Führerschein
Haben Sie einen Führerschein?

caro
El hotel es muy caro.
Nos ha salido bastante caro.

teuer
Das Hotel ist sehr teuer.
Es ist uns recht teuer gekommen.

carta
Camarero, la carta, por favor.
He recibido la carta de mi amigo.

Karte; Brief
Geben Sie mir die Speisekarte, bitte.
Ich habe einen Brief von meinem Freund bekommen.

cartera
Me han robado la cartera en la estación.

Brieftasche
Man hat mir am Bahnhof die Brieftasche gestohlen.

cartel
Han pegado carteles de propaganda.

Plakat
Sie haben Werbeplakate aufgehängt.

carrete
¿Tienen carretes en color?

Film
Haben Sie Farbfilme?

carretera
La carretera es peligrosa.

Landstraße
Die Landstraße ist gefährlich.

casa
¿Vamos a casa?
¿Quiere pasar por casa?
La casa tiene tres pisos.
Juan no está en casa.

Haus
Gehen wir nach Hause?
Möchten Sie zu Hause vorbeigehen?
Das Haus hat drei Stockwerke.
Juan ist nicht zu Hause.

casarse
Van a casarse en octubre.

heiraten
Sie werden im Oktober heiraten.

casado
¿Es Vd. casado o soltero?
Está casado desde hace un año.

verheiratet
Sind Sie verheiratet oder allein stehend?
Er ist seit einem Jahr verheiratet.

casi
Casi lo he convencido.
Tiene casi veinte años.

beinahe
Ich habe ihn beinahe überredet.
Er ist beinahe zwanzig Jahre alt.

caso
El caso es distinto.
En este caso no voy.
¡Hazme caso!, que sé lo que digo.

Fall
Dieser Fall ist anders.
In diesem Fall komme ich nicht mit.
Hör auf mich, ich weiß, was ich sage!

en cualquier caso
En cualquier caso, le informaré con tiempo.

auf jeden Fall
Auf jeden Fall werde ich Ihnen rechtzeitig Bescheid sagen.

en ningún caso
Yo no lo haría en ningún caso.

auf keinen Fall
Ich würde es auf keinen Fall tun.

en todo caso
En todo caso, hable Vd. primero con el jefe.

jedenfalls
Reden Sie jedenfalls zuerst mit dem Chef.

caso (de) que
Caso de que lo vea, se lo diré.

vorausgesetzt, dass
Vorausgesetzt, dass ich ihn sehe, werde ich es ihm sagen.

casete
Tengo más casetes que discos.

Kassette
Ich habe mehr Kassetten als Schallplatten.

castillo
Este castillo es muy antiguo.

Schloss
Dieses Schloss ist sehr alt.

casualidad
Fue una casualidad.

Zufall
Es war ein Zufall.

por casualidad
Lo encontraron por casualidad.

zufällig
Sie haben ihn zufällig gefunden.

catástrofe
una catástrofe aérea
Si es verdad lo que dice, es una
catástrofe para nosotros.

Katastrophe; Unglück
ein Flugzeugunglück
Falls es stimmt, was Sie sagen, ist das
eine Katastrophe für uns.

catedral
La catedral está en el centro de la
ciudad.

Kathedrale
Die Kathedrale liegt im Zentrum der
Stadt.

categoría
Tiene un puesto de categoría.
¿De qué categoría es el hotel?

Kategorie; Rang
Er hat eine Stellung von Rang.
Wie viele Sterne hat das Hotel?

catorce
Ha cumplido catorce años.

vierzehn
Er ist vierzehn geworden.

causa
¿Cuál es la causa de todo esto?

Ursache, Grund
Welches ist der Grund für all das?

causar
Hable con más claridad, para no
causar malentendidos.

verursachen
Sprechen Sie deutlicher, um keine
Missverständnisse zu verursachen!

a causa de
Llegó con retraso a causa del mal
tiempo.

aufgrund
Aufgrund des schlechten Wetters ist er mit
Verspätung gekommen.

celebrar
Celebraremos juntos el acontecimiento.

feiern
Wir werden dieses Ereignis zusammen
feiern.

cena
La cena es a las ocho.

Abendessen
Das Abendessen ist um acht.

cenar
Le invito a cenar.

zu Abend essen
Ich lade Sie zum Abendessen ein.

centímetro
¿Cuántos centímetros tiene?

Zentimeter
Wie viele Zentimeter ist er groß?

centro
En el centro de la ciudad no se puede
aparcar.

Zentrum
Im Stadtzentrum darf man nicht parken.

central (f.)

Diríjase Vd. a la central.
Tiene calefacción central.

1.(Subst.) Zentrale, Hauptstelle; 2. (Adj.)
*   zentral; Zentral-*
Wenden Sie sich an die Zentrale!
Es gibt Zentralheizung.

cepillo
He olvidado el cepillo de dientes.

Bürste
Ich habe die Zahnbürste vergessen.

cerca
La estación está cerca.

nah; in der Nähe
Der Bahnhof liegt in der Nähe.

> **cerca de**
> Cerca de la catedral hay un buen
>   restaurante.

in der Nähe (von)
In der Nähe der Kathedrale gibt es ein
*   gutes Restaurant.*

> **acercarse**
> Acércate más, no te oigo.

sich nähern; näher kommen
Komm etwas näher, ich versteh dich
*   nicht!*

> **acerca de**
> ¿Han dicho algo acerca de las
>   elecciones?

über
Haben sie etwas über die Wahlen gesagt?

cerdo
un filete de cerdo

Schwein
ein Schweinefilet

cereza
Las cerezas están maduras.

Kirsche
Die Kirschen sind reif.

certificado

Envía la carta por correo certificado.
Aquí tengo el certificado médico.

1. (Adj.) versichert; 2. (Subst.) Zertifikat,
*   Bescheinigung, Attest*
Schick den Brief per Einschreiben!
Hier ist das ärztliche Attest.

cerrar
Cierran a las siete.
Cierre la puerta, por favor.

schließen
Sie schließen um sieben.
Schließen Sie die Tür, bitte!

cerveza
Sólo tenemos cerveza en botella.

Bier
Wir haben nur Flaschenbier.

ciego/a
Es ciego de nacimiento.

1. (Adj.) blind; 2. (Subst.) Blinde/r
Er ist von Geburt an blind.

cielo
¡Qué cielo más azul!

Himmel
So ein blauer Himmel!

ciencia
Estudia ciencias naturales.

Wissenschaft
Er studiert Naturwissenschaften.

científico
Este instituto se dedica a estudios
   científicos.

wissenschaftlich
Dieses Institut beschäftigt sich mit
*   wissenschaftlichen Studien.*

cierto
Tiene Vd. razón, es cierto.
Hay ciertas razones para hacer esto.

sicher, gewiss
Sie haben ganz sicher Recht.
Es gibt gewisse Gründe dafür, dies zu tun.

cifra
La cifra de ventas es bastante baja.

Ziffer, Zahl
Die Verkaufszahlen sind ziemlich niedrig.

cigarrillo
El paquete tiene veinte cigarrillos.

Zigarette
Das Päckchen enthält zwanzig
Zigaretten.

cine
¿Prefiere ir al cine o al teatro?

Kino
Gehen Sie lieber ins Kino oder ins
Theater?

cinturón
Pienso regalarle un cinturón.

Gürtel
Ich habe vor, ihm einen Gürtel zu
schenken.

cinturón de seguridad

Sicherheitsgurt

círculo
Las casas están construidas en círculo
alrededor de una gran piscina.

Kreis
Die Häuser sind im Kreis um ein großes
Schwimmbad gebaut.

circunstancia
Eso depende de las circunstancias.

Umstand
Das hängt von den Umständen ab.

ciudad
Es una ciudad muy pequeña.

Stadt
Es ist eine sehr kleine Stadt.

ciudad hermanada
Tenemos ciudades hermanadas en
varios países.

Partnerstadt
Wir haben in verschiedenen Ländern
Partnerstädte.

civil
El país tiene de nuevo un gobierno civil.

zivil; Zivil-
Das Land hat wieder eine Zivilregierung.

civilización
las antiguas civilizaciones

Kultur, Zivilisation
die alten Kulturen

claro

un azul claro
Ahora, todo está muy claro.
Claro, le comprendo muy bien.

1. (Adj.) klar, hell; 2. (Adv.) klar,
natürlich
ein helles Blau
Jetzt ist alles ganz klar.
Natürlich, ich verstehe Sie sehr gut.

claro que sí
Claro que sí, ¡lleva Vd. razón!

natürlich
Natürlich, Sie haben Recht!

clase
la clase de francés
Tenemos quesos de todas clases.

Unterrichtsstunde; Sorte
die Französischstunde
Wir haben alle möglichen Käsesorten.

clásico
Es lo clásico en un caso así.
un disco de música clásica

klassisch
Klassischer Fall, in dieser Situation!
eine Schallplatte mit klassischer Musik

cliente (m./f.)
una cliente de la casa

Kunde, Kundin
eine Stammkundin

clima
Es un clima muy sano.

Klima
Es ist ein sehr gesundes Klima.

club
un club de deportes

Verein, Klub
ein Sportverein

cobrar
¿Has cobrado ya este mes?

¿Cuánto te han cobrado por hacer la
   reparación?

bekommen; einkassieren; zahlen lassen
Hast du für diesen Monat dein Gehalt /
   deinen Lohn schon bekommen?
Wie viel haben sie dich für die Reparatur
   zahlen lassen?

cocido

Este pescado está poco cocido.
El plato del día es cocido madrileño.

1. (Adj.) gekocht; gar; 2. (Subst.)
   Eintopfgericht
Dieser Fisch ist nicht gar.
Das Tagesgericht ist „cocido madrileño".

cocina
La cocina es muy grande.
una cocina eléctrica
la cocina vasca

Küche; Herd
Die Küche ist sehr groß.
ein Elektroherd
die baskische Küche

coche
El coche tiene cuatro puertas.

Auto; Wagen
Das Auto hat vier Türen.

  coche-cama
  Prefiero viajar en coche-cama.

Liegewagen
Ich reise lieber im Liegewagen.

  coche-restaurante
  Este tren no lleva coche-restaurante.

Speisewagen
Dieser Zug hat keinen Speisewagen.

coger
Coja su maleta, por favor.

nehmen
Nehmen Sie Ihren Koffer, bitte.

cola
Hay que hacer cola.
Póngase Vd. en la cola.

Schlange
Man muss Schlange stehen.
Stellen Sie sich in der Schlange an!

coleccionar
Ha empezado a coleccionar sellos.

sammeln
Er hat begonnen Briefmarken zu
   sammeln.

  colección
  una colección de sellos

Sammlung
eine Briefmarkensammlung

colectivo
Es un trabajo colectivo.

gemeinsam
Es ist ein gemeinsames Werk.

colegio
El colegio empieza en septiembre.

Schule
Die Schule beginnt im September.

color
¿De qué color lo quiere?
Es una película en color.

Farbe
In welcher Farbe wünschen Sie es?
Es ist ein Farbfilm.

  colorado
  Se puso colorado de vergüenza.

rot; gerötet
Er wurde rot vor Scham.

combinar
No encuentro nada que combine con
  este pantalón.

(zusammen)passen
Ich finde nichts, das zu dieser Hose passt.

  combinación
  una buena combinación de colores
  Para ir a Madrid tenemos buena
    combinación desde aquí.

Verbindung; Zusammenstellung
eine gute Farbzusammenstellung
Von hier aus haben wir eine gute
    Verbindung nach Madrid.

comenzar
¿Cuándo comienzan las clases de
  español?
¿Cuándo comienzas ese trabajo?

beginnen
Wann beginnt der Spanischunterricht?

Wann beginnst du mit der Arbeit?

  comienzo
  Al comienzo tenía dificultades.

Beginn
Zu Beginn hatte ich Schwierigkeiten.

comer
No tengo ganas de comer.

essen
Ich habe keine Lust zu essen.

  comida
  La comida está preparada.
  La comida está carísima en este país.

Essen
Das Essen ist fertig.
Das Essen ist in diesem Land sehr teuer.

comercio
Tiene un comercio en Madrid.
el comercio entre los dos países

Geschäft; Handel
Er hat ein Geschäft in Madrid.
der Handel zwischen beiden Ländern

  comercial
  un centro comercial

kommerziell; Handels-; Einkaufs-
ein Einkaufszentrum

  comerciante
  un comerciante de fruta

Händler; Kaufmann, Kauffrau
ein Gemüsehändler

cometer
He cometido un error enorme.

begehen
Ich habe einen sehr großen Fehler
    begangen.

como
Es azul como el cielo.

wie (Konj.)
Er ist blau wie der Himmel.

¿cómo?
¿Cómo está Vd. señora?
¿Cómo dice?, no le he entendido bien.

wie?
Wie geht es Ihnen?
Wie meinen Sie? Ich habe Sie nicht gut verstanden.

cómodo
¡Qué traje tan cómodo!
El tren es más cómodo.

bequem
Was für ein bequemer Anzug!
Der Zug ist bequemer.

comodidad
Hicimos las compras con comodidad.
Han comprado una casa con todas las comodidades.

Bequemlichkeit; Ruhe; Komfort
Wir sind in Ruhe einkaufen gegangen.

Sie haben ein Haus mit allem Komfort gekauft.

compañía
el director de la compañía
Su compañía es muy agradable.

Gesellschaft
der Direktor der Gesellschaft
Ihre Gesellschaft ist sehr angenehm.

compañero
un compañero de trabajo

Kollege; Kamerad
ein Arbeitskollege

acompañar
Mi hijo le acompañará.

begleiten
Mein Sohn wird Sie begleiten.

comparar
Primero hay que comparar precios.

vergleichen
Als erstes muss man die Preise vergleichen.

comparación
No hagas esta comparación.
Eso no tiene comparación.

Vergleich
Mach nicht diesen Vergleich!
Das ist nicht zu vergleichen.

compensar
Se compensan las desventajas con las ventajas.

ausgleichen
Die Nachteile werden durch die Vorteile ausgeglichen.

compensación
Pedro obtuvo una compensación por los daños sufridos.

Ausgleich; Entschädigung
Pedro hat eine Entschädigung für den erlittenen Schaden erhalten.

competencia
Hay mucha competencia en este mercado.
No quiero hacerle la competencia.

Wettbewerb; Wettstreit; Konkurrenz
In diesem Marktsektor gibt es starken Wettbewerb.
Ich möchte nicht mit Ihnen im Wettstreit stehen.

completo
El hotel está completo.
con pensión completa

voll; vollständig, komplett
Das Hotel ist voll.
mit Vollpension

complicar
Esto complica las cosas.
No te compliques la vida.

erschweren; komplizieren
Das erschwert die Lage.
Erschwer dir nicht das Leben!

complicación
Yo no había contado con esta complicación.

Verwicklung; Komplikation
Mit diesen Komplikationen hatte ich nicht gerechnet.

complicado
Verás, es muy complicado explicarlo.

kompliziert
Du wirst sehen, es ist schwer zu erklären.

comportarse
Se comporta como si fuera el dueño de la tienda.

sich benehmen
Er benimmt sich, als wäre er der Ladenbesitzer.

comportamiento
No entiendo su comportamiento.

Benehmen; Verhalten
Ich verstehe sein Verhalten nicht.

comprar
Voy a comprar algo para comer.

kaufen
Ich kaufe etwas zu essen.

compra
La compra la hago los sábados.

Einkauf; Kauf
Den Einkauf erledige ich am Samstag.

comprender
Espero que comprendas mi posición.

verstehen
Ich hoffe, du verstehst meine Haltung.

comprensión
Hay que tener comprensión con los problemas de los jóvenes.

Verständnis
Man muss für die Probleme der Jugendlichen Verständnis haben.

(in)comprensible
Es (in)comprensible lo que dice.

(un)verständlich
Was er sagt, ist (un)verständlich.

comprobar
¿Has comprobado si es cierto lo que dice?

bestätigen; nachprüfen
Hast du nachgeprüft, ob, was er sagt, stimmt?

comprometerse

El mecánico se comprometió a tener el coche arreglado para el lunes.

versprechen; sich einlassen; etwas vorhaben
Der Mechaniker hat versprochen, das Auto bis zum Montag fertig zu haben.

compromiso
Tengo un compromiso a las cinco, por eso no puedo ir contigo.

Verabredung
Ich habe eine Verabredung um fünf, deswegen kann ich nicht mit dir gehen.

comprometido
El estaba comprometido en el tráfico de drogas.
la literatura comprometida

verwickelt; engagiert
Er ist in Drogenhandel verwickelt gewesen.
engagierte Literatur

común
un tipo común y corriente
un amigo común

gewöhnlich; gemeinsam
ein ganz gewöhnlicher Typ
ein gemeinsamer Freund

en común
No tienen nada en común.

gemeinsam
Sie haben nichts gemeinsam.

comunidad
Los gastos de comunidad han
aumentado este año.
La Comunidad de Madrid aumentó
el gasto en Sanidad.

Gemeinschaft
Die Gemeinschaftskosten sind dieses Jahr
gestiegen.
Die Stadtverwaltung Madrid hat die
Ausgaben für das Gesundheitswesen
erhöht.

comunicar
Nos alegramos de comunicarle una
buena noticia.

mitteilen
Wir freuen uns, Ihnen eine gute Nachricht
mitteilen zu können.

comunicación
¿Señorita, me ha conseguido la
comunicación?
No hay comunicación posible con él.

Mitteilung; Verbindung; Verständigung
Konnten Sie die Verbindung herstellen?
Es ist keine Verständigung mit ihm
möglich.

comunismo
¿Qué papel tiene el comunismo en su
país?

Kommunismus
Welche Rolle spielt der Kommunismus in
Ihrem Land?

comunista (m./f.)

El partido comunista es muy activo.

1. (Adj.) kommunistisch; 2. (Subst.)
Kommunist/in
Die kommunistische Partei ist sehr aktiv.

con

mit

conceder
Le han concedido tres días libres.

gewähren
Man hat ihr drei freie Tage gewährt.

concesión
No vamos a hacer concesiones.

Zugeständnis; Bewilligung
Wir werden keine Zugeständnisse
machen.

concentrarse
La industria se concentra en el norte.

konzentrieren; konzentriert sein
Die Industrie ist auf den Norden
konzentriert.

conciencia
Tengo la conciencia tranquila.
No tiene conciencia de lo que hace.

Gewissen; Bewusstsein
Ich habe ein gutes Gewissen.
Er ist sich nicht bewusst, was er tut.

concierto
Los domingos hay concierto en la
plaza.

Konzert
Am Sonntag gibt es Platzkonzerte.

conclusión
¿Qué conclusión has sacado?

Ende; Schluss
Was hast du für einen Schluss gezogen?

concurso
No me interesan esos concursos en la
televisión.

Wettbewerb; Spiel
Mich interessieren die Spiel-Shows im
Fernsehen nicht.

condición
Le he puesto varias condiciones.

En estas condiciones no se puede trabajar.

Bedingung
Ich habe ihm verschiedene Bedingungen gestellt.
Unter diesen Bedingungen kann man nicht arbeiten.

conducir
conducir un coche

lenken; führen
ein Auto lenken

conductor
Quiere ser conductor de autobús.

Fahrer
Er möchte Busfahrer werden.

conexión
¿Qué conexiones hay para ir a Madrid?

Verbindung
Welche Verbindungen gibt es nach Madrid?

conferencia
La conferencia me resultó larguísima.
una conferencia de Madrid a Sevilla

Konferenz
Die Konferenz erschien mir sehr lang.
ein Ferngespräch von Madrid nach Sevilla

confiar (en)
Confiamos en Vd.

vertrauen (auf)
Wir vertrauen auf Sie.

confianza
Tengo confianza en sus palabras.
un empleado de confianza

Vertrauen
Ich habe Vertrauen in seine Worte.
Vertrauensperson

confirmar
Los hechos confirman lo que ya sabíamos.
Me han confirmado la reserva de vuelo.

bestätigen
Die Tatsachen bestätigen, was wir schon wussten.
Meine Flugreservierung wurde bestätigt.

confirmación
Me ha llegado la confirmación de la noticia.

Bestätigung
Ich habe eine Bestätigung der Nachricht erhalten.

conflicto
No se ha podido evitar el conflicto.

Konflikt
Der Konflikt konnte nicht vermieden werden.

conforme
La mayoría está conforme con ello.

einverstanden
Die Mehrheit ist damit einverstanden.

confort
una vivienda de mucho confort

Komfort
eine sehr bequeme Wohnung

confortable
¡Qué ambiente más confortable!

komfortabel
Was für ein komfortables Ambiente!

confundir
Siempre le confunden con su hermano.

verwechseln
Man verwechselt ihn immer mit seinem Bruder.

confundirse
Me he confundido.

sich täuschen
Ich habe mich getäuscht.

conjunto
En conjunto me gusta bastante.

el conjunto y los detalles

Gesamtheit; Ganze
Im Ganzen gesehen gefällt es mir recht
gut.
das Ganze und die Einzelheiten

conmigo

mit mir

conocer
¿Quieres conocer a mis padres?
Yo no conozco México.

kennen; kennen lernen
Möchtest du meine Eltern kennen lernen?
Ich kenne Mexiko nicht.

conocido/a

Es una artista de cine muy conocida.
Todos mis conocidos hablan inglés.

1. (Adj.) bekannt; 2. (Subst.) Bekannter,
Bekannte
Sie ist eine bekannte Filmschauspielerin.
Alle meine Bekannten sprechen Englisch.

desconocer
Desconocemos su dirección.

nicht kennen
Wir kennen seine Adresse nicht.

desconocido/a

Entraron en casa unos desconocidos.

1. (Adj.) unbekannt; 2. (Subst.)
Unbekannte/r
Unbekannte sind ins Haus gekommen.

consecuencia
Hay que pensar en las consecuencias.
a consecuencia de la lluvia

Folge
Man muss an die Folgen denken.
als Folge des Regens

consecuente
No se puede ser siempre
consecuente.

konsequent, folgerichtig
Man kann nicht immer konsequent sein.

conseguir
¿Conseguiste lo que querías?

erreichen
Hast du erreicht, was du wolltest?

consejo
Necesito un buen consejo.

Ratschlag
Ich brauche einen guten Ratschlag.

aconsejar
Le aconsejo que espere antes de
decidirse.

empfehlen
Ich empfehle Ihnen zu warten, bevor Sie
entscheiden.

conservar
Conservo muy buen recuerdo de él.
Para su edad está muy bien conservada.
En ese pueblo conservan muchas
costumbres típicas.

bewahren; erhalten
Ich bewahre eine gute Erinnerung an ihn.
Für ihr Alter hat sie sich jung erhalten.
In diesem Dorf bewahrt man noch viele
typische Bräuche.

conserva
¿Tienen conservas de pescado?

Konserve
Haben Sie Fisch in Konserven?

conservador
un político conservador

konservativ
ein konservativer Politiker

considerar
Hay que considerar todos los aspectos antes de decidirse.

bedenken; erwägen
Man muss alle Aspekte bedenken, bevor man sich entscheidet.

considerable
Es considerable el aumento de las exportaciones.

beträchtlich
Die Zunahme des Exports ist beträchtlich.

consigna
¿Dejamos la maleta en la consigna?

Gepäckaufbewahrung
Lassen wir den Koffer an der Gepäckaufbewahrung?

consigo

mit sich

consistir
Explíqueme en qué consiste su idea.

bestehen
Erklären Sie mir, worin Ihre Idee besteht.

constante
Sus progresos son constantes.

konstant; ständig
Ihre Fortschritte sind ständig.

constar
El programa consta de tres partes.

bestehen aus
Das Programm besteht aus drei Teilen.

constipado
Estoy constipado, pero no tengo fiebre.

erkältet
Ich bin erkältet, doch ich habe kein Fieber.

constitución
una constitución democrática

Verfassung
eine demokratische Verfassung

construir
Se han construido muchas casas nuevas.

schaffen; bauen
Man hat viele neue Häuser gebaut.

construcción
La casa está todavía en construcción.

Gebäude; Bau
Das Haus ist noch im Bau.

consulado
En el consulado le informarán mejor.

Konsulat
Im Konsulat wird man Sie besser informieren.

consumir
En España se consume más pescado que en el resto de Europa.

verbrauchen; verzehren
In Spanien wird mehr Fisch verzehrt als im restlichen Europa.

consumo
El consumo de alcohol ha subido.
una sociedad de consumo

Verbrauch, Konsum
Der Alkoholkonsum ist gestiegen.
eine Konsumgesellschaft

consumidor
El consumidor debería estar mejor informado.

Verbraucher
Der Verbraucher sollte besser informiert werden.

contacto
Estoy en contacto con él.
Nuestra empresa tiene contactos en el extranjero.
ponerse en contacto con alguien

Kontakt; Verbindung
Ich stehe mit ihm in Verbindung.
Unsere Firma hat Verbindungen im Ausland.
sich mit jemandem in Verbindung setzen

contactar
Anoche no pude contactarme con Pedro.

Verbindung aufnehmen (mit); erreichen
Gestern Abend habe ich Pedro nicht erreichen können.

contaminar
La zona está muy contaminada.

verschmutzen
Die Gegend ist sehr verschmutzt.

contaminación
La contaminación es terrible en esta zona.

Die (Umwelt-)Verschmutzung
Die (Umwelt-)Verschmutzung in dieser Gegend ist furchtbar.

contar
Se lo voy a contar.
Vamos a contar cuántos son.
Puede Vd. contar conmigo.

zählen; erzählen
Ich werde es Ihnen erzählen.
Zählen wir, wie viele es sind.
Sie können auf mich zählen.

cuenta
¡La cuenta, por favor!
¡Vaya cuento que te ha contado!

Rechnung
Die Rechnung, bitte!
Was für eine Geschichte er dir wohl erzählt haben muss!

darse cuenta
Sí, me doy cuenta.

einsehen; bemerken
Doch, ich sehe es ein.

cuenta corriente
He abierto una cuenta corriente.

Girokonto
Ich habe ein Girokonto eröffnet.

cuento
El cuento de Hansel y Gretel.

Erzählung, Geschichte; Märchen
Das Märchen von Hänsel und Gretel.

contener
¿Sabes qué contiene el paquete?
No se ha podido contener la inflación.

Me costó trabajo contenerme.

enthalten; aufhalten; sich beherrschen
Weißt du, was das Paket enthält?
Man hat die Inflation nicht aufhalten können.
Ich habe Mühe gehabt, mich zu beherrschen.

contenido
el contenido del paquete / del libro

Inhalt
der Inhalt des Pakets / des Buches

contento
Estoy contento con mi trabajo.
¡Qué contento estás hoy!

froh; zufrieden
Ich bin mit meiner Arbeit zufrieden.
Du siehst aber heute zufrieden aus!

descontento
Está muy descontento con su
trabajo.

unglücklich; unzufrieden
Er ist mit seiner Arbeit sehr unzufrieden.

contestar
¿Puede Vd. contestarme hasta mañana?

antworten
Können Sie mir bis morgen antworten?

contestación
Todavía no ha llegado la
contestación.

Antwort
Noch ist keine Antwort gekommen.

contigo

mit dir

continuar
¿Quiere Vd. que continuemos mañana?

¿Continuamos estudiando o nos vamos
de paseo?

weitermachen
*Möchten Sie, dass wir morgen
weitermachen?*
*Lernen wir weiter oder gehen wir
spazieren?*

continuación
La continuación del curso será en
agosto.

Fortsetzung
*Die Fortsetzung des Kurses wird im
August sein.*

a continuación
A continuación les ofreceremos un
almuerzo.

dann; danach
Danach laden wir Sie zum Essen ein.

contra
Chocó contra la pared.
Está solo contra todos.

gegen
Er stieß gegen die Wand.
Er ist allein gegen alle.

en contra de
Estoy en contra de esta solución.

gegen
Ich bin gegen diese Lösung.

contrario
Pues yo afirmo lo contrario.
No, no, al contrario.

Gegenteil
Ich behaupte das Gegenteil.
Nein, ganz im Gegenteil.

contratar
La empresa ha contratado a muchos
trabajadores en los últimos seis
meses.

einstellen
*Die Firma hat in den letzten sechs
Monaten viele Arbeiter eingestellt.*

contrato
He firmado un contrato de trabajo.

Vertrag
*Ich habe einen Arbeitsvertrag
unterschrieben.*

contribuir
Queremos contribuir todos con algo de
dinero.

beitragen
*Wir möchten alle mit etwas Geld dazu
beitragen.*

control
Hay que pasar por diferentes controles.
un control de calidad

Kontrolle
Man muss durch viele Kontrollen.
eine Qualitätskontrolle

controlar
Hoy controlan todos los coches.

kontrollieren; anhalten
Heute werden alle Autos angehalten.

convencer
¡No hay manera de convencerle!

überzeugen; überreden
Es ist nicht möglich, Sie zu überreden!

convencido
¡Estoy completamente convencido de esto!

überzeugt
Davon bin ich vollkommen überzeugt!

conviene
Conviene que tomes el tren de las ocho.
Este tipo de vida no me conviene.

es lohnt sich; es ist besser
Es ist besser, wenn du den Zug um acht nimmst.
Dieser Lebensstil ist nicht gut für mich.

conveniente
Sería conveniente que te viera un médico.

angebracht; empfehlenswert
Es wäre angebracht, du würdest dich von einem Arzt untersuchen lassen.

inconveniente (m.)

Me parece inconveniente decírselo.

No tengo inconveniente.
El inconveniente es que hace mucho calor para hacer esa excursión.

1. (Adj.) unangebracht; 2. (Subst.) Nachteil
Es scheint mir unangebracht, es ihm zu sagen.
Ich habe nichts dagegen.
Der Nachteil ist, dass es sehr heiß ist für so einen Ausflug.

conversar
Conversamos horas y horas.

reden
Wir haben Stunden und Stunden geredet.

conversación
He tenido una larga conversación con él.

Gespräch
Ich habe ein langes Gespräch mit ihm gehabt.

convertirse
¡Se ha convertido en otra persona!

sich verwandeln
Er hat sich in einen anderen Menschen verwandelt!

copa
una copa de cristal
¿Vamos a tomar una copa?

Glas
ein Kristallglas
Gehen wir etwas trinken?

corazón
Su corazón funciona normalmente.

Herz
Ihr Herz ist ganz normal.

cordero
cordero asado con patatas

Lamm
gegrilltes Lamm mit Kartoffeln

cordial
saludos cordiales de su amigo

freundlich; herzlich
herzliche Grüße von Ihrem Freund

cordialidad
Su cordialidad es contagiosa.

Freundlichkeit
Ihre Freundlichkeit ist ansteckend.

correcto
Siempre es muy correcto conmigo.
¿Cuál es la solución correcta?

korrekt; richtig
Er ist immer sehr korrekt zu mir.
Welche ist die richtige Antwort?

correo
mandar por correo
El correo no ha llegado todavía.

Post
per Post schicken
Die Post ist noch nicht gekommen.

correo electrónico
Se lo mando por correo electrónico
(e-mail).

E-Mail
Ich schicke es Ihnen per E-Mail.

Correos
La oficina de Correos ya está cerrada.

Postamt
das Postamt ist schon geschlossen.

correr

¿Para qué corres? Tenemos tiempo.

No corras, que la carretera está mal.

Vengo de prisa y corriendo.

(schnell) laufen; schnell fahren;
herbeieilen
Warum läufst du so schnell? Wir haben
Zeit.
Fahr nicht so schnell; die Straße ist in
schlechtem Zustand.
Ich komme herbeigeeilt.

recorrer
Han recorrido mil kilómetros.

bereisen; zurücklegen
Sie haben tausend Kilometer
zurückgelegt.

corresponder
El hotel corresponde a lo que
esperábamos.

entsprechen
Das Hotel entspricht unseren
Erwartungen.

correspondiente
Aquí están los documentos
correspondientes.

entsprechend
Hier sind die entsprechenden Unterlagen.

corriente

Eso es corriente en este país.
¿Te molesta la corriente de aire?

1. (Adj.) geläufig, üblich, alltäglich;
2. (Subst.) (Luft-)Durchzug; Strömung
Das ist in diesem Land alltäglich.
Stört dich der Durchzug?

corto
un viaje corto

kurz
eine kurze Reise

cortar
¿Quieres cortarme un pedazo?
Me voy a cortar el pelo.
Se ha cortado el dedo con un cuchillo.

(ab)schneiden
Schneidest du mir ein Stück ab?
Ich gehe mir die Haare schneiden lassen.
Er hat sich den Finger mit einem Messer
abgeschnitten.

acortar
Si vamos por este camino, acortaremos.
Tengo que acortar el pantalón, me está muy largo.

(ab)kürzen
Wenn wir hier entlang gehen, kürzen wir etwas ab.
Ich muss die Hose kürzen lassen, sie ist zu lang.

cosa
¡Cuantas cosas hay encima de la mesa!
¡Qué cosas dices!
Tengo que hacer todavía un montón de cosas.

Ding, Sache
Was liegt alles auf dem Tisch herum!
Was sagst du bloß (für Sachen)!
Ich habe noch eine Menge zu erledigen.

costa
la carretera de la costa

Küste
die Küstenstraße

costar
¿Cuánto cuesta, por favor?

kosten
Was kostet das, bitte?

costumbre
Tiene la costumbre de acostarse tarde.

Gewohnheit
Er hat die Gewohnheit, spät ins Bett zu gehen.

acostumbrarse
¿Se ha acostumbrado ya al clima?

No estoy acostumbrado a comer cosas así.

sich an etwas gewöhnen
Haben Sie sich an das Klima schon gewöhnt?
Ich bin nicht gewohnt, so etwas zu essen.

crecer
El niño ha crecido mucho.

wachsen
Das Kind ist sehr gewachsen.

crecimiento
el crecimiento de la economía

Wachstum
das Wirtschaftswachstum

crédito
He pedido un crédito.
Puede creerlo.

Kredit
Ich habe einen Kredit beantragt.
Das können Sie glauben!

creer
Creo que me he equivocado, perdón.

Creemos en Dios.
Es un poco tarde para llamar, ¿no crees?

glauben
Ich glaube, ich habe mich geirrt. Entschuldigen Sie bitte!
Wir glauben an Gott.
Es ist ein bisschen spät um anzurufen, meinst du nicht?

creerse
Pues ... no te creas ...

sich einbilden; sich täuschen
Täusch dich da mal nicht ...

increíble
Me parece increíble.

unglaublich
Ich finde das unglaublich.

creyente
Yo no soy creyente.

1. (Adj.) gläubig; 2. (Subst.) Gläubige
Ich bin nicht gläubig.

crema
una crema para las manos

Creme
eine Handcreme

crimen
Me parece que hay cada vez más
crímenes.

Verbrechen
Mir scheint, es gibt immer mehr
Verbrechen.

criminal

El criminal ya está en la cárcel.
Es criminal lo que están haciendo.

1. (Subst.) Verbrecher/in; 2. (Adj.)
verbrecherisch; Straf-
Der Verbrecher ist bereits im Gefängnis.
Was sie dort machen, ist verbrecherisch.

criminalidad
La criminalidad aumenta de día en
día.

Kriminalität
Die Kriminalität nimmt Tag für Tag zu.

crisis
la crisis económica

Krise
die Wirtschaftskrise

cristal
Ha roto el cristal de la ventana.

Glas; Fensterscheibe
Er hat die Fensterscheibe zerbrochen.

cristiano
el mundo cristiano

christlich
die christliche Welt

crítico
Estamos en un punto crítico.

El es muy crítico.

kritisch
Wir sind an einem kritischen Punkt
angekommen.
Er ist sehr kritisch.

criticar
Los periódicos critican al gobierno.

kritisieren
Die Zeitungen kritisieren die Regierung.

cruce
Este cruce es muy peligroso.

Kreuzung
Diese Kreuzung ist sehr gefährlich.

cruzar
Ten cuidado al cruzar la calle.

überqueren; kreuzen
Pass auf beim Überqueren!

crudo
Oye, la carne está cruda.

roh
Hör mal, das Fleisch ist roh!

cuadrado
Es una mesa cuadrada.
un metro cuadrado

viereckig; quadratisch
Es ist ein viereckiger Tisch.
ein Quadratmeter

cuadro
Sus cuadros se venden a buen precio.

Bild
Seine Bilder werden zu einem guten Preis
verkauft.

¿cuál?
¿Cuál le gusta más, el azul o el rojo?

welcher?, welche?, welches?
Welcher gefällt Ihnen besser, der blaue
oder der rote?

cualquier / cualquiera
Lo puedes comprar en cualquier farmacia.
Cualquiera lo puede hacer.

irgendein/e; jede/r beliebige
Das kannst du in jeder beliebigen Apotheke kaufen.
Das kann jeder.

cuando

wenn; als

¿cuándo?
¿Cuándo llega el avión?

wann?
Wann kommt das Flugzeug an?

¿cuánto?
¿Cuánto cuesta?
¿Cuánto es?

wie viel?
Wie viel kostet das?
Wie viel macht das?

¿cuánto tiempo?
¿Cuánto tiempo falta?

wie viel Zeit?; wie lange?
Wie lange fehlt noch?

¿cuántos?
¿Cuántos años tiene Vd.?

wie viele?
Wie alt sind Sie?

cuarto
El cuarto de baño está libre.
un cuarto de hora

Zimmer; (bei Zahlen) Viertel
Das Badezimmer ist frei.
eine Viertelstunde

cubierto

Pon los cubiertos, por favor.

1. (Adj.) bedeckt; 2. (Subst.) Besteck; Gedeck
Deck den Tisch, bitte!

cubrir
Cúbrelo con una manta.

zudecken
Deck ihn mit einer Decke zu!

cuchara
¿Me da una cuchara, por favor?

Löffel
Geben Sie mir einen Löffel, bitte?

cuchillo
un cuchillo para cortar pan

Messer
ein Brotmesser

cuerpo
Me duele todo el cuerpo.

Körper
Mir tut der ganze Körper weh.

cuidar
¿Quién va a cuidar al niño?

aufpassen auf; pflegen
Wer passt auf das Kind auf?

cuidado
¡(Tenga) cuidado al salir!

Vorsicht
Vorsicht beim Hinausgehen!

culpa
¡Yo no tengo la culpa!

Schuld
Ich bin nicht Schuld daran!

culpable
Lo han declarado culpable.

1. (Adj.) schuldig; 2. (Subst.) Schuldige/r
Man hat ihn für schuldig erklärt.

cultura
Tiene una amplia cultura general.
la cultura de un pueblo

Kultur; Bildung
Er hat eine gute Allgemeinbildung.
die Kultur eines Volkes

cultural
¿Cuál es el programa cultural?

kulturell; Kultur-
Was haben sie für ein Kulturprogramm?

cumplir
A ver si cumple lo que ha prometido.

Ha cumplido 50 años.

einhalten, erfüllen
Schauen wir mal, ob er hält, was er versprochen hat.
Er ist 50 geworden.

cumpleaños
¡Feliz cumpleaños!

Geburtstag
Herzlichen Glückwunsch zum Geburtstag!

cura (m.)
Mi hermano quiere hacerse cura.

Priester
Mein Bruder möchte Priester werden.

curar
Tiene que curar su herida.

pflegen; heilen; behandeln
Er muss seine Wunde behandeln.

curarse
Espero que se cure pronto.

gesund werden
Ich hoffe, dass Sie bald gesund werden.

curioso
un caso muy curioso
El es terriblemente curioso.

kurios; sonderbar; neugierig
ein sonderbarer Fall
Er ist furchtbar neugierig.

curiosidad
La noticia ha despertado mucha curiosidad.

Neugier
Die Nachricht hat große Neugier geweckt.

curso
El curso es por las noches.

Kurs
Der Kurs findet am Abend statt.

cursillo
Estoy haciendo un cursillo de informática.

Lehrgang
Ich besuche einen Informatiklehrgang.

curva
Tome más despacio las curvas.

Kurve
Fahren Sie langsamer in die Kurve.

cuyo
Es Carmen, a cuyo novio ya conoces.

dessen, deren
Es ist Carmen, deren Freund du schon kennst.

chalé
Alquilamos un chalé en la costa.

Villa
Wir haben eine Villa am Meer gemietet.

chaqueta
una chaqueta de verano

Jacke
eine Sommerjacke

charlar
charlar con los amigos

reden, plaudern
mit den Freunden reden

cheque
pagar con cheque

Scheck
mit einem Scheck bezahlen

chico/a
Tienen dos hijos, un chico y una chica.

Junge, Mädchen
Sie haben zwei Kinder, einen Jungen und
ein Mädchen.

chocar con
chocar con otro coche

zusammenstoßen
mit einem anderen Auto
zusammenstoßen

choque
La discusión terminó en un choque
de opiniones.

Zusammenstoß
Die Diskussion endete mit
Meinungsverschiedenheiten.

chocolate
un helado de chocolate

Schokolade
ein Schokoladeneis

chorizo
un bocadillo de chorizo

Wurst
ein belegtes Brötchen mit Wurst

D

daño
El viento causó daños muy graves.
Me he hecho daño, me duele todavía.

Schaden
Der Wind hat große Schäden verursacht.
Ich habe mir weh getan, es schmerzt
immer noch.

hacerse daño
¡Te vas a hacer daño con el cuchillo!

sich weh tun
Du tust dir noch weh mit dem Messer!

dar
Te lo doy mañana.
¿Cuantas euros dan por diez dolares?

geben
Ich gebe es dir morgen.
Wie viele Euro gibt es für zehn Dollar?

dar igual
Da igual, no importa.

gleichgültig sein
Es ist gleichgültig, es macht nichts.

dar un paseo
dar un paseo por la ciudad

spazieren gehen
in der Stadt spazieren gehen

darse cuenta
Sí, me doy cuenta.

einsehen; bemerken
Doch, ich sehe es ein.

dato, datos
No tengo sus datos personales.

Angabe; Daten
Ich habe Ihre persönlichen Daten nicht.

de

von

de nuevo
Jaime ha telefoneado de nuevo.

von neuem; wieder
Jaime hat wieder angerufen.

de antemano
Le advierto de antemano que habrá problemas.

von vornherein
Ich warne Sie von vornherein, dass es Probleme geben wird.

debajo de

unter; unterhalb

deber
Debe Vd. tener más cuidado.
No debe (de) ser demasiado caro.

müssen; dürfen; schulden
Sie müssen vorsichtiger sein.
Es darf nicht zu teuer sein.

debido a
No hay función, debido al mal tiempo.

aufgrund
Aufgrund des schlechten Wetters fällt die Vorstellung aus.

débil
Está débil por la enfermedad.

schwach
Er ist noch schwach von seiner Krankheit.

debilidad
Su debilidad es la bebida.

Schwäche
Seine Schwäche ist, dass er trinkt.

decepcionar
Me ha decepcionado la película.

enttäuschen
Der Film hat mich enttäuscht.

decepción
La fiesta, ¡qué decepción!

Enttäuschung
Was für eine Enttäuschung, dieses Fest!

decidirse
No puede decidirse todavía.
Se ha decidido a hacerlo.

sich entscheiden
Er kann sich noch nicht entscheiden.
Er hat sich entschieden, es zu tun.

decisión
Hay que tomar una decisión.

Entscheidung
Man muss eine Entscheidung fällen.

decir
○ Perdone. △ Sí, diga Vd.

¿Como dice? No le oigo bien.
Dice que no viene.
Le diré que vaya.

sagen
○ Entschuldigung. △ Ja bitte, sagen Sie nur.
Was sagen Sie? Ich verstehe Sie nicht gut.
Er sagt, dass er nicht kommt.
Ich werde ihm sagen, dass er gehen soll.

es decir
Llegó casi puntual, es decir, con media hora de retraso.

so zu sagen; das heißt
Er ist beinahe pünktlich gekommen, das heißt, mit einer halben Stunde Verspätung.

declarar
No tenemos nada que declarar.

erklären, aussagen; angeben; verzollen
Wir haben nichts zu verzollen.

declaración
No me gustaron sus declaraciones.
Presentó su declaración de renta / impuestos.

Erklärung, Aussage
Seine Aussagen haben mir nicht gefallen.
Er hat seine Einkommens- / Steuererklärung abgegeben.

dedicarse
En el futuro pienso dedicarme más a mi familia.

sich widmen
In Zukunft gedenke ich, mich mehr meiner Familie zu widmen.

defecto
La mercancía viene con defectos.
Todos tenemos defectos.

Fehler, Mangel
Die Ware weist Mängel auf.
Wir haben alle Fehler.

defender
Defenderemos nuestra opinión.
¿Y quién defiende nuestros intereses?

verteidigen; schützen
Wir verteidigen unsere Meinung.
Und wer schützt unsere Interessen?

defenderse
Se defiende bien en francés.

sich durchsetzen; zurecht kommen
Er kommt gut zurecht in Französisch.

definitivo
Todavía no sé nada definitivo.

definitiv, endgültig
Ich weiß noch nichts Endgültiges.

dejar
¡No me dejas hablar!
¿Podría dejarme cincuenta euros?

Deja mucho que desear.

lassen; leihen
Du lässt mich nicht reden!
Könnten Sie mir vielleicht fünfzig Euro leihen?
Er lässt viel zu wünschen übrig.

dejar de
Mi padre ha dejado de trabajar.

aufhören
Mein Vater hat aufgehört zu arbeiten.

delante
En la parte de delante del hotel hay balcones.

vorn; Vorder-; voran
Auf der Vorderseite hat das Hotel Balkons.

delante de

vor

delgado
¡Qué delgado estás!

dünn
Wie dünn du bist!

delincuencia juvenil
Aumenta mucho la delincuencia juvenil.

Jugendkriminalität
Die Jugendkriminalität nimmt stark zu.

demás
Lo demás ya lo sabes.
Los demás vienen más tarde.

das Übrige; die Übrigen
Das Übrige weißt du schon.
Die Übrigen kommen etwas später.

demasiado
Fuma Vd. demasiado.
¡Esto es demasiado!
El piso es demasiado caro.

zu viel; zu ... (+Adj.)
Sie rauchen zu viel.
Das ist zu viel!
Die Wohnung ist zu teuer.

democracia
Aquí no hay democracia.

Demokratie
Hier gibt es keine Demokratie.

democrático
un país democrático

demokratisch
ein demokratisches Land

demostrar
¿Quién le demuestra que no lleva razón?

beweisen
Wer kann Ihnen beweisen, dass Sie nicht Recht haben?

diente
Se me ha caído un diente.

Zahn
Ich habe einen Zahn verloren.

dentista
Tengo que ir al dentista.

Zahnarzt
Ich muss zum Zahnarzt.

dentro
Hace frío, dentro estaremos mejor.

innen; drinnen
Es ist kalt, drinnen wird es angenehmer sein.

dentro de
Saldremos de viaje dentro de unos días.

in; innerhalb
In ein paar Tagen verreisen wir.

depender
Todo depende del jefe.
Depende.

abhängen; darauf ankommen
Alles hängt vom Chef ab.
Es kommt darauf an.

deporte
Practica muchos deportes.

Sport; Sportart
Er betreibt viele Sportarten.

deportista
un grupo de deportistas

Sportler
eine Sportlergruppe

deportivo
un campo deportivo

sportlich; Sport-
ein Sportplatz

derecho

Tiene derecho a una pensión.
Está estudiando Derecho.
Siga Vd. derecho.

1. (Subst.) Recht; Anrecht; 2. (Adv.) geradeaus
Er hat Anrecht auf eine Rente.
Er studiert Jura.
Gehen Sie geradeaus weiter!

a la derecha
A la derecha hay un bar.

auf der rechten Seite; rechts
Auf der rechten Seite gibt es eine Bar.

de repente
De repente empezó la tormenta.

plötzlich
Plötzlich begann der Sturm.

desaparecer
Está mejor, los dolores han desaparecido.

verschwinden
Es geht ihm besser, die Schmerzen sind verschwunden.

desarrollar
Hay que desarrollar la industria.

entwickeln
Die Industrie muss gefördert werden.

desarrollo
El turismo ayuda también al desarrollo del país.

Entwicklung
Der Tourismus trägt zur Entwicklung des Landes bei.

desayunar
¿A qué hora quieren desayunar?

frühstücken
Wann möchten Sie frühstücken?

    desayuno
    El desayuno está incluido en el
    precio.

Frühstück
Das Frühstück ist im Preis inbegriffen.

descansar → **cansar**

ausruhen

descanso → **cansar**

Ruhe; Pause

desconocer
Desconocemos su dirección.

nicht kennen
Wir kennen deine Adresse nicht.

desconocido/a

Entraron en casa unos desconocidos.

1. (Adj.) unbekannt; 2. (Subst.)
*   Unbekannte/r*
Unbekannte sind ins Haus gekommen.

descontento
Está muy descontento con su trabajo.

unglücklich; unzufrieden
Er ist mit seiner Arbeit sehr unzufrieden.

descubrir
Hemos descubierto un restaurante muy
simpático.

entdecken
Wir haben ein sehr nettes Restaurant
*   entdeckt.*

descuento
Me hacen un descuento del 3%.

Ermäßigung
Sie geben mir 3% Ermäßigung.

desde
Desde aquí puede llamar.
Estoy aquí desde el lunes.

von, von … aus; seit
Von hier aus können Sie telefonieren.
Ich bin seit Montag hier.

    desde hace
    desde hace una hora

seit
seit einer Stunde

    desde luego
    Desde luego, ¡con mucho gusto!

selbstverständlich
Selbstverständlich, sehr gerne!

    desde que
    Desde que le conozco, no ha
    cambiado.

seit
Seit ich Sie kenne, haben Sie sich nicht
*   verändert.*

desempleo
El porcentaje de desempleo es muy
alto.

Arbeitslosigkeit
Die Arbeitslosenquote ist sehr hoch.

deseo
Su mayor deseo es dejar de trabajar
pronto.

Wunsch
Sein größter Wunsch ist, bald aufhören
*   zu arbeiten.*

    desear
    Le deseo mucha suerte.
    ¿Qué desea Vd.?

wünschen
Ich wünsche Ihnen viel Glück.
Was wünschen Sie?

desesperado
Está desesperado porque no le haces caso.

verzweifelt
Er ist verzweifelt, weil du nicht auf ihn hörst.

desgracia
Ha habido una desgracia en su familia.

Unglück
In seiner Familie hat es ein Unglück gegeben.

desgraciadamente
Desgraciadamente no puede ayudarle.

leider
Leider können Sie ihm nicht helfen.

desigual → **igual**

ungleich

desigualdad → **igual**

Ungleichheit

desilusionado → **ilusión**

enttäuscht

despacio
¡Más despacio, por favor!

langsam
Langsamer, bitte!

despedir
Han despedido a 500 obreros.

entlassen
Sie haben 500 Arbeiter entlassen.

despedirse
Se despidió de todos.

sich verabschieden
Er hat sich von allen verabschiedet.

despertar
Es tarde, hay que despertar a los niños.

wecken
Es ist spät, die Kinder müssen geweckt werden.

despistado
¡Qué despistado eres!

unaufmerksam, zerstreut
Wie unaufmerksam du bist!

después
Hablaremos después.

nachher, später
Wir reden nachher.

después de
después de la comida
después de comer

nach; nachdem
nach dem Essen
nachdem wir gegessen haben

destino
el avión con destino a Madrid

Schicksal; Bestimmungsort, Ziel
das Flugzeug nach Madrid

destruir
La casa quedó completamente destruida.

zerstören
Das Haus wurde vollkommen zerstört.

desventaja → **ventaja**

Nachteil

detalle
¡No se te escapa ni un detalle!
No me importan los detalles.

Detail, Einzelheit
Dir entgeht kein Detail!
Einzelheiten interessieren mich nicht.

detener
Lo han detenido en la frontera.

aufhalten; festnehmen
Sie haben ihn an der Grenze
festgenommen.

determinado
en un momento determinado

bestimmt
in einem bestimmten Moment

detrás
Uno estaba delante, el otro detrás.

hinten
Einer war vorn, der andere hinten.

detrás de
Detrás del edificio hay un parque.

hinter
Hinter dem Gebäude gibt es einen Park.

de veras
Es así, de veras, créelo.

im Ernst
So ist es, im Ernst, glaube es mir!

devolver
Devuélvame Vd. mi dinero.

zurückgeben
Geben Sie mir mein Geld zurück!

día
¡Buenos días!
al día siguiente

Tag
Guten Tag!
am folgenden Tag

mediodía
A mediodía comemos en el
restaurante.

Mittag
Mittags essen wir im Restaurant.

quince días
Hace quince días que han escrito.

fünfzehn Tage; zwei Wochen
Vor zwei Wochen haben sie geschrieben.

diario
Es un servicio diario.
leer un diario

1. (Adj.) täglich; 2. (Subst.) Zeitung
Der Service ist täglich.
eine Zeitung lesen

diarrea
Ha comido demasiada fruta y tiene
diarrea.

Durchfall
Er hat zu viel Obst gegessen und hat
Durchfall.

dibujo
El libro tiene dibujos muy graciosos.

Zeichnung
Das Buch hat sehr lustige Zeichnungen.

diccionario
Llévate un diccionario alemán-español.

Wörterbuch
Nimm ein Deutsch-Spanisch-Wörterbuch
mit!

dictadura
una dictadura militar

Diktatur
eine Militärdiktatur

diferente
¡Eso es diferente!
Hay diferentes posibilidades.

unterschiedlich; anders; verschieden
Das ist etwas anderes!
Es gibt verschiedene Möglichkeiten.

diferencia
¡Qué diferencia tan grande!

Unterschied
Was für ein Unterschied!

difícil
¡Qué palabra tan difícil!

schwierig
Was für ein schwieriges Wort!

dificultad
No tendrá dificultad en encontrar
la calle.

Schwierigkeit
Sie werden keine Schwierigkeiten haben,
die Straße zu finden.

dinero
¿Necesitas dinero?

Geld
Brauchst du Geld?

Dios
¡Dios mío, qué susto!

Gott
Mein Gott, habe ich mich erschrocken!

diploma (m.)
Ya le han dado el diploma.

Diplom
Man hat ihm schon das Diplom verliehen.

dirección
¿Su dirección, por favor?
ir en dirección prohibida
la dirección del hotel

Adresse; Richtung
Ihre Adresse, bitte?
in die falsche Richtung fahren
die Adresse des Hotels

directo
El tren es directo.

direkt
Es ist ein Direktzug.

directamente
Vamos directamente.
Puede Vd. pagar directamente aquí.

direkt; gleich, sofort, unverzüglich
Lasst uns unverzüglich gehen!
Sie können gleich hier bezahlen.

director
El director es bastante joven.

Direktor
Der Direktor ist ziemlich jung.

dirigir
El dirige un proyecto importante.

leiten
Er leitet ein wichtiges Projekt.

dirigirse
Diríjanse Vds. a la oficina de
información.
Me dirijo a Vd. para hacerle una
pregunta.

sich wenden an
Wenden Sie sich an das
Informationsbüro!
Ich wende mich an Sie, um Sie etwas zu
fragen.

disco
¡Siempre el mismo disco!

Scheibe; Schallplatte
Immer dieselbe Schallplatte!

disco compacto, CD
Tengo un disco compacto, un CD

CD, Kompakt-Disk
Ich habe eine CD.

disquete
Te lo copio en disquete.

Diskette
Ich kopier es dir auf eine Diskette.

discutir
No vale la pena discutir por esto.

diskutieren
Es lohnt sich nicht darüber zu diskutieren.

discusión
una discusión muy fuerte

Besprechung; Diskussion
eine heftige Diskussion

disfrutar
¡Que disfrute Vd. mucho!

genießen
Genießen Sie es!

disminuir
Ha disminuido la criminalidad.

geringer werden, abnehmen
Die Kriminalität hat abgenommen.

disposición
Estoy a su disposición.

Verfügung
Ich stehe zu Ihrer Verfügung.

dispuesto
Está dispuesto a aceptar cualquier
trabajo.

bereit
Er ist bereit, jede Arbeit anzunehmen.

distancia
¿Qué distancia hay hasta el próximo
pueblo?
Está a 20 km de distancia.

Entfernung
Wie groß ist die Entfernung zum nächsten
Dorf?
Es liegt in 20 km Entfernung.

distinguir
Hay que distinguir una cosa de otra.

unterscheiden
Man muss eine Sache von der anderen
unterscheiden.

distinto
¡Eso es distinto!
Son dos cosas distintas.

Das ist etwas anderes!
unterschiedlich; verschieden
Das sind zwei verschiedene Dinge.

divertirse
¡Que se diviertan!

sich vergnügen
Vergnügen Sie sich!

divertido
una obra de teatro muy divertida

lustig; unterhaltsam
ein sehr unterhaltsames Theaterstück

divorcio
El número de divorcios ha aumentado.

Scheidung
Die Zahl der Scheidungen ist gestiegen.

divorciarse
Creo que quieren divorciarse.

sich scheiden lassen
Ich glaube, dass sie sich scheiden lassen
wollen.

doble

una habitación doble
el doble del precio

1. (Adj.) doppelt; Doppel-; 2. (Subst.)
das Doppelte
ein Doppelzimmer
das Doppelte des Preises

doblar
Doble Vd. a la izquierda.

abbiegen; falten
Biegen Sie links ab!

docena
una docena de huevos

Dutzend
ein Dutzend Eier

doctor
El doctor está en el hospital.

Arzt
Der Arzt ist im Krankenhaus.

documento
Tiene que firmar el documento aquí.

Ausweis; Dokument
Sie müssen das Dokument hier unterschreiben.

documento nacional de identidad
Su DNI, por favor.

Personalausweis

Ihren Personalausweis, bitte.

doler
¿Dónde le duele?

schmerzen, weh tun
Wo tut es Ihnen weh?

dolor
¡Qué dolor de cabeza!

Schmerz
Was für Kopfschmerzen!

don, doña
¡Buenos días, doña Ester!

Don, Doña (Titel); Herr, Frau
Guten Tag Doña Ester!

dónde
¿Dónde puedo sentarme?
¿Dónde nació Vd.?

wohin?; wo?
Wohin darf ich mich setzen?
Wo sind Sie geboren?

dormir
El niño duerme.

schlafen
Das Kind schläft.

dormirse
Se ha dormido enseguida.

einschlafen
Er ist sofort eingeschlafen.

dormitorio
un dormitorio amplio

Schlafzimmer
ein großes Schlafzimmer

drogarse
En esta discoteca se drogan muchos jóvenes.

Drogen nehmen
In dieser Diskothek nehmen viele Jugendliche Drogen.

droga
el consumo de drogas

Droge
der Drogenkonsum

drogadicto

Cada día hay más drogadictos.

1. (Adj.) drogensüchtig; 2. (Subst.) Drogensüchtige/r
Tag für Tag gibt es mehr Drogensüchtige.

ducharse
¿Se quiere duchar ahora?

duschen
Möchten Sie jetzt duschen?

ducha
La habitación tiene ducha.

Dusche
Das Zimmer ist mit Dusche.

dudar
No dudo de sus palabras.
Dudo que venga.

zweifeln; bezweifeln
Ich zweifle nicht an Ihren Worten.
Ich bezweifle, dass er kommt.

duda
No hay duda, es esta calle!
Sin duda llevas razón.

Zweifel
Es gibt keinen Zweifel, es ist diese Straße!
Zweifellos hast du Recht.

dulce
¿Quiere un vino dulce o seco?

süß; lieblich
Möchten Sie lieber einen lieblichen oder
einen trockenen Wein?

durante
durante la comida

während
während des Essens

durar
El espectáculo dura tres horas.

dauern
Die Vorstellung dauert drei Stunden.

duración
No me importa la duración de la
película.

Dauer
Die Dauer des Films macht mir nichts aus.

duro
Tienen un trabajo duro.
¡Qué duro está el pan!

hart; schwer
Sie haben eine schwere Arbeit.
Wie hart das Brot ist!

E

economía
La economía va mejorando poco a
poco.
Tenemos que hacer economías.

Wirtschaft; Sparsamkeit
Der Wirtschaft geht es langsam besser.

Wir müssen sparsam sein.

económico
un menú económico
problemas económicos

billig, preiswert
ein preiswertes Menü
Geldprobleme

echar
De paso, échame estas cartas.

Lo echaron del hotel.
Echame una mano, por favor.

einwerfen; werfen; gießen; geben
Wirf mir doch im Vorbeigehen diese Briefe
ein.
Man hat ihn aus dem Hotel geworfen.
Hilf mir mal, bitte.

edad
¿Qué edad tiene Vd.?
una señora de cierta edad
Es ya mayor de edad.
Paco es menor de edad.

Alter
Welches ist Ihr Alter?
eine Dame von einem gewissen Alter
Er ist volljährig.
Paco ist minderjährig.

edificio
el edificio más alto de la ciudad

Gebäude
das höchste Gebäude der Stadt

educar
Me han educado así.

erziehen
Man hat mich so erzogen.

educación
la educación de los hijos
Es una falta de educación.

Erziehung
die Erziehung der Kinder
Das ist eine Ungezogenheit.

efecto
los efectos de la crisis económica

Auswirkung
die Auswirkungen der Wirtschaftskrise

en efecto
Y en efecto, así fue.

in der Tat
Und in der Tat, so ist es gewesen.

efectivamente
Efectivamente, así ha sucedido.

tatsächlich
Tatsächlich ist es so passiert.

eficiente
Hace un trabajo eficiente.

tüchtig; wirkungsvoll, effizient
Er arbeitet tüchtig.

ejemplo
¿Me puede dar un ejemplo?
Con esto, por ejemplo, no estoy nada
   de acuerdo.

Beispiel
Können Sie mir ein Beispiel nennen?
Hiermit bin ich zum Beispiel überhaupt
   nicht einverstanden.

ejemplar
Mándeme un ejemplar del libro.

Exemplar
Schicken Sie mir ein Exemplar des Buches.

ejército
un ejército numeroso

Heer
ein zahlreiches Heer

eléctrico
un tren eléctrico

elektrisch; Elektro-
ein Elektrozug

electricidad
el consumo de electricidad

Elektrizität
der Elektrizitätsverbrauch

electrónico
Lo mandaron por correo electrónico.

elektronisch
Sie haben es per E-Mail geschickt.

elegir
No es fácil elegir entre tantos
   productos.

wählen; auswählen
Es ist nicht leicht unter so vielen
   Produkten zu wählen.

elecciones
Muy pronto habrá elecciones para
   el parlamento.

Wahlen
Sehr bald gibt es Parlamentswahlen.

elegante
¡Qué señora tan elegante!

elegant; vornehm
So eine vornehme Dame!

embajada
la Embajada española

Botschaft
die spanische Botschaft

embajador
el embajador de Colombia

Botschafter
der kolumbianische Botschafter

emigrar
Mis vecinos van a emigrar a Australia.

auswandern
Meine Nachbarn werden nach Australien auswandern.

emigrante
Ya no hay tantos emigrantes.

Auswanderer
Es gibt nicht mehr so viele Auswanderer.

emigración
La emigración va aumentando.

Auswanderung
Die Auswanderung nimmt zu.

empezar
El cine empieza ahora.
Tengo que empezar este trabajo ahora.

beginnen
Der Film im Kino beginnt jetzt.
Ich muss jetzt mit dieser Arbeit beginnen.

emplear
Hay que emplear todos los medios.
¿Podrán emplear a tanta gente?

anwenden; anstellen
Man muss alle Mittel anwenden.
Werden sie so viele Leute anstellen können?

empleo
Tiene un empleo fijo.
¿Cuál es el empleo de esta palabra?

Anstellung; Anwendung
Er hat eine feste Anstellung.
Wie wird dieses Wort gebraucht?

empleado/a

El empleado le informará.

1. (Subst.) Angestellte/r; 2. (Adj.) angestellt
Der Angestellte wird Sie informieren.

desempleo
El porcentaje de desempleo es muy alto.

Arbeitslosigkeit
Die Arbeitslosenquote ist sehr hoch.

empresa
La empresa tiene un capital de dos millones.
una empresa difícil

Firma, Unternehmen; Unternehmung
Die Firma hat ein Kapital von zwei Millionen.
eine schwierige Unternehmung

empujar
¡No empujen, que hay sitio para todos!

stoßen: drängeln
Nicht drängeln! Es ist Platz für alle.

en
Juan está en Sevilla.
en invierno
en español
ir en coche

in; auf; mit
Juan ist in Sevilla.
im Winter
auf Spanisch
mit dem Auto fahren

en parte
En parte tienes razón.

zum Teil
Zum Teil hast du Recht.

enamorarse
Mi amiga se enamora fácilmente.

sich verlieben
Meine Freundin verliebt sich leicht.

enamorado/a

Está muy enamorado de ella.
Es un enamorado de la música.

1. (Adj.) verliebt; 2. (Subst.) Verliebte/r,
Liebhaber/in
Er ist sehr in sie verliebt.
Er ist ein Musik-Liebhaber.

encantar
Me encanta la paella.

sehr gefallen; sehr gut schmecken
Paella schmeckt mir sehr gut.

encantado
¡Encantado de conocerle!

sehr erfreut
Sehr erfreut Sie kennen zu lernen!

encargar
¿Te podrías encargar del asunto?

beauftragen; übernehmen
Könntest du die Angelegenheit
übernehmen?

encargado/a
Es el encargado de las obras.

Beauftragte/r; Verantwortliche/r
Er ist der Verantwortliche für die
(Bau-)Arbeiten.

encender
encender la luz

anmachen, anschalten
das Licht anmachen

encima
Allí encima está la máquina.
¡Y encima te enfadas conmigo!

oben; darauf; obendrein
Dort oben steht die Maschine.
Und obendrein bist du mir böse!

encima de

über

encontrar
Es difícil encontrar trabajo.

finden; begegnen
Es ist schwierig eine Arbeit zu finden.

encontrarse
Encontrarse con un amigo.

sich treffen
sich mit einem Freund treffen

encuentro
Ha sido un encuentro interesante.

Begegnung
Es ist eine interessante Begegnung
gewesen.

enchufe
¿Dónde hay un enchufe?
Ha conseguido el puesto por enchufe.

Steckdose; „Beziehungen"
Wo gibt es eine Steckdose?
Er hat die Stelle durch Beziehungen
bekommen.

en cuanto a
En cuanto a sus estudios, no sé nada de
él.

was ... betrifft
Was sein Studium betrifft, weiß ich nichts
von ihm.

enemigo
Los dos son enemigos de toda la vida.

Feind
Die Beiden sind Feinde fürs Leben.

energía
Hay que ahorrar energía.

Energie
Man muss Energie sparen.

enérgico
una persona enérgica

energisch
eine energische Person

enfadarse
No se enfade Vd. por tan poca cosa.

Está enfadado conmigo.

böse werden; sich ärgern
Ärgern Sie sich nicht über so etwas
  Geringfügiges.
Er ist böse auf mich.

enfermo
Está enfermo en cama.

krank
Er liegt krank im Bett.

enfermedad
una enfermedad grave

Krankheit
eine schwere Krankheit

enfermera
Trabaja de enfermera en el hospital.

Krankenschwester
Sie arbeitet als Krankenschwester im
  Krankenhaus.

en fin
En fin, ¡hasta pronto!
En fin, ¡no sé qué decirle!

endlich; na ja
Na ja, bis bald!
Na ja, ich weiß nicht, was ich Ihnen
  sagen soll!

enfrente
Enfrente hay otro hotel.

gegenüber
Gegenüber gibt es noch ein Hotel.

enfrente de
Enfrente de mi casa hay un teatro.

gegenüber von
Bei mir gegenüber ist ein Theater.

engañar
No hay que engañarle. Dile la verdad.

betrügen, täuschen
Man sollte ihn nicht betrügen. Sag ihm
  die Wahrheit!

engaño
Es un engaño.

Betrug
Das ist Betrug.

en medio de
No me siento bien en medio de tanta
  gente.

inmitten; unter
Ich fühle mich nicht wohl unter so vielen
  Leuten.

enorme
una enorme cantidad de trabajo

riesig
eine riesige Menge Arbeit

ensalada
¿Quiere Vd. ensalada?

Salat
Möchten Sie etwas Salat?

enseguida / en seguida
Enseguida le ayudo.

sofort
Ich helfe Ihnen sofort.

enseñar
¿Me puede enseñar la habitación?
Esto lo enseña la experiencia.

zeigen; lehren
Können Sie mir das Zimmer zeigen, bitte?
Das lehrt die Erfahrung.

enseñanza
Cada país tiene su sistema de
enseñanza.

Lehre; Unterricht
Jedes Land hat sein Bildungswesen.

entender
No le entiendo, ¡hable más alto!

verstehen
Ich verstehe Sie nicht. Sprechen Sie bitte
lauter!

entenderse
Andrés no se entiende bien con su
familia.

sich verstehen
Andrés versteht sich nicht gut mit seiner
Familie.

entendimiento
Llegar a un entendimiento mutuo.

Verständnis
gegenseitiges Verständnis erlangen

enterarse
¿Te has enterado de las noticias?

sich über etwas informieren
Hast du die Nachrichten gehört?

entero
¿Quiere Vd. un pollo entero?

ganz
Wünschen Sie ein ganzes Huhn?

entonces
Entonces llamaré más tarde.
Bueno, entonces quedamos en eso,
¿no?

also, dann
Dann werde ich später anrufen.
Gut, dann verbleiben wir so,
einverstanden?

en total
¡En total son 50 euros, señor!

insgesamt
Insgesamt sind es 50 Euro, bitte.

entrar
Entre Vd. por favor.

eintreten
Treten Sie bitte ein!

entrada
Entrada por la otra puerta.
Entrada: 3 euros por persona.

Eintritt; Eingang; (Essen) erster Gang
Eintritt durch die andere Tür.
Eintritt: 3 Euro pro Person.

entre
Está sentado entre sus padres.

zwischen
Er sitzt zwischen seinen Eltern.

entregar
Le han entregado una cantidad de
dinero.

aushändigen; abgeben; vergeben
Man hat ihm eine gewisse Geldmenge
ausgehändigt.

entrega
La entrega de los premios es
mañana.

Verleihung
Die Preisverleihung ist morgen.

entretanto
Entretanto, iré poniendo la mesa.

inzwischen
Inzwischen decke ich den Tisch.

entrevista
una entrevista muy interesante

Interview
ein interessantes Interview

enviar
¿Envió Vd. la carta por correo
    certificado?

schicken
Haben Sie den Brief per Einschreiben
    geschickt?

envolver
El regalo estaba todavía envuelto.

einwickeln; verpacken
Das Geschenk war noch verpackt.

época
¿De qué época es el monumento?
en esta época del año

Epoche, Zeit
Aus welcher Zeit ist das Denkmal?
zu dieser Jahreszeit

equipaje
Tu equipaje pesa mucho.

Gepäck
Dein Gepäck ist sehr schwer.

equipo
Nuestro equipo ha perdido.
Tenemos que llevar mucho equipo
    técnico.
trabajar en equipo

Mannschaft, Gruppe; Ausrüstung
Unsere Mannschaft hat verloren.
Wir müssen viel technische Ausrüstung
    mitnehmen.
in der Gruppe arbeiten

equivocarse
No lleva razón, se equivoca.
¡Perdón, me he equivocado de número!

sich irren
Er hat Unrecht, er irrt sich.
Entschuldigung, ich habe die falsche
    Nummer gewählt.

equivocado
Me parece una estrategia
    equivocada.

falsch
Das scheint mir die falsche Strategie zu
    sein.

error
Es un error sin importancia.

Fehler
Es ist ein belangloser Fehler.

escalera
Sería mejor bajar por la escalera.

Treppe; Leiter
Es ist wohl besser die Treppe hinunter zu
    gehen.

escaparate
¡Qué hermosos escaparates!

Schaufenster
Was für schöne Schaufenster!

escaso
escaso de medios económicos

knapp
knapp an Geldmitteln

escasez
la escasez de agua

Knappheit
die Wasserknappheit

escoger
Escoja Vd. entre estos vestidos.

wählen, auswählen
Wählen Sie unter diesen Kleidern aus.

esconder
Estoy seguro de que algo me esconde.

verstecken; verheimlichen
Ich bin sicher, dass er mir etwas
    verheimlicht.

escribir
Escriba aquí su dirección, por favor.

schreiben
Schreiben Sie hier bitte Ihre Adresse hin.

escritor
un escritor internacionalmente
conocido

Schriftsteller
ein international anerkannter
Schriftsteller

escuchar
Escuchen ahora la siguiente noticia ...

hören; zuhören
Hören Sie jetzt folgende Nachricht ...

escuela
La escuela empieza a las ocho.

Schule
Die Schule beginnt um acht.

escolar
Nuestro sistema escolar es diferente.

schulisch; Schul-
Unser Schulwesen ist anders.

esencial
Es un punto de esencial importancia.

wesentlich
Das ist ein wesentlicher Punkt.

esforzarse
Si no te esfuerzas, no llegarás a nada.

sich anstrengen
Wenn du dich nicht anstrengst, wirst du
nichts erreichen.

esfuerzo
Hay que hacer un esfuerzo.

Anstrengung
Man muss sich etwas anstrengen.

espacio
No tengo espacio para más muebles.

Raum, Platz
Ich habe keinen Platz für noch mehr
Möbel.

espalda
Me duele la espalda.

Rücken
Mir tut der Rücken weh.

especial
un servicio especial de trenes

besonders; Sonder-
ein Sonderzugeinsatz

especialidad
¿Cuál es la especialidad de la casa?

Spezialität
Welches ist die Spezialität des Hauses?

especialista
Vaya a ver a un especialista.

Facharzt; Fachmann
Gehen Sie zu einem Facharzt!

especializarse
¿Piensas especializarte cuando
termines los estudios?

sich spezialisieren
Hast du vor dich am Ende des Studiums
zu spezialisieren?

especie
Es una especie de ...

Art
Das ist eine Art ...

espectáculo
¡Este espectáculo es una maravilla!

Schauspiel; Vorstellung
Dieses Schauspiel ist wunderbar!

espejo
Se pasa todo el día delante del espejo.

Spiegel
Sie verbringt den ganzen Tag vor dem
*   Spiegel.*

esperar
Espere un momento, por favor.
esperar el tren
Espero que venga.
Yo esperaba otra cosa.

warten; hoffen; erwarten
Warten Sie einen Augenblick, bitte!
auf den Zug warten
Ich hoffe, dass er kommt.
Ich habe etwas anderes erwartet.

esperanza
No hay que perder la esperanza.

Hoffnung
Man darf die Hoffnung nicht aufgeben.

desesperado
Está desesperado porque no le haces
    caso.

verzweifelt
Er ist verzweifelt, weil du nicht auf ihn
*   hörst.*

esposa
Le presento a mi esposa.

(Ehe-)Frau
Ich stelle Ihnen meine Frau vor.

es que
Es que no está permitido.

es ist so, dass; nämlich; eigentlich
Es ist nämlich nicht erlaubt.

esquina
En la esquina hay un bar.

Ecke
An der Ecke gibt es eine Bar.

establecer
Quiere establecer un negocio.
Se ha establecido en Madrid.

eröffnen; sich niederlassen
Er möchte ein Geschäft eröffnen.
Er hat sich in Madrid niedergelassen.

estación
¿Me lleva a la estación?

Bahnhof
Bringen Sie mich zum Bahnhof?

estación de servicio
La estación de servicio está cerrada.

Tankstelle, Raststätte
Die Raststätte ist geschlossen.

estado
El paquete llegó en mal estado.

Zustand
Das Paket ist in schlechtem Zustand
*   angekommen.*

Estado
el Estado español

Staat
der spanische Staat

estanco
En el estanco venden sellos.

Tabakladen
Im Tabakladen gibt es Briefmarken zu
*   kaufen.*

estar
¿Qué tal está Vd.?
Pepito está enfermo.
Los niños están durmiendo.
Está bien, ¡lo compro!
No está mal, pero es un poco caro.
Mañana voy a estar en casa.

sein; sich befinden
Wie geht es Ihnen?
Pepito ist krank.
Die Kinder schlafen jetzt.
Gut, ich kaufe es!
Das ist nicht schlecht, bloß etwas teuer.
Morgen werde ich zu Hause sein.

este, esta

dieser, diese, dieses

este
al este de Madrid

Osten
im Osten von Madrid

estilo
Tiene un estilo que no convence al
    público.
¿No tienen otra cosa por el estilo?

Stil; Art
Er hat einen Stil, der das Publikum nicht
    überzeugt.
Haben Sie nicht etwas anderes in dieser
    Art?

estimado
(en cartas) Estimados señores:

geschätzt, geehrt
(in Briefen) Sehr geehrte Damen und
    Herren,

esto

dieses

estómago
dolor de estómago

Magen
Magenschmerzen

estrella
la luna y las estrellas
un hotel de dos estrellas

Stern
der Mond und die Sterne
ein 2-Sterne-Hotel

estropearse
Ten cuidado, se va a estropear.

beschädigen; ruinieren
Vorsicht, es wird sonst noch beschädigt!

estudiar
Carlos estudia para abogado.

studieren
Carlos studiert, um Anwalt zu werden.

estudiante (m./f.)
un estudiante de medicina

Student/in
ein Medizinstudent

estudios
¿Cuándo acabas tus estudios?

Studium
Wann beendest du dein Studium?

estupendo
Estupendo, ¡una buena idea!

prima; fabelhaft
Prima! Das ist eine gute Idee.

etapa
Fue una etapa importante de su vida.

Phase
Das war eine wichtige Phase in seinem
    Leben.

etcétera, etc.
coches, camiones, etc.

und so weiter, usw.
Autos, Lastwagen, usw.

euro
La fecha de introducción del euro es
    2002.

Euro
2002 ist das Einführungsdatum des Euro.

evidente
Es evidente que lleva razón.

offensichtlich
Es ist offensichtlich, dass er Recht hat.

evitar
evitar una discusión

vermeiden
eine Diskussion vermeiden

exacto
No tengo las cifras exactas.
Exacto, ¡así es!

exakt, genau
Ich habe keine genauen Zahlen.
Genau! So ist es.

exactamente
No lo sé exactamente.

genau
Ich weiß es nicht genau.

exagerar
No es para tanto, no exageres.

übertreiben
Es ist nicht so wild, übertreibe nicht!

exageración
Lo que dice es una exageración.

Übertreibung
Was er sagt, ist eine Übertreibung.

examinar
El médico ya ha examinado al enfermo.

untersuchen
Der Arzt hat den Patienten schon
untersucht.

examinarse
¿Cuándo te examinas de español?

geprüft werden
Wann wirst du in Spanisch geprüft?

examen
prepararse para un examen

Prüfung
sich auf eine Prüfung vorbereiten

excepción
Su caso es una excepción.

Ausnahme
Ihr Fall ist eine Ausnahme.

excepto
Todos van, excepto yo.

ausgenommen, außer
Alle gehen hin, außer mir.

exclusivo
Tenemos la representación exclusiva.

exklusiv; ausschließlich; Allein-
Wir haben die Alleinvertretung.

exclusivamente
Aquí se venden exclusivamente
productos nacionales.

ausschließlich
Hier werden ausschließlich nationale
Erzeugnisse verkauft.

excursión
una excursión en bicicleta

Ausflug
ein Fahrradausflug

exigir
No se exigen conocimientos especiales
para este trabajo.

verlangen
Für diese Arbeit werden keine besonderen
Vorkenntnisse verlangt.

existir
No existe una explicación para esto.

geben, bestehen
Es gibt keine Erklärung dafür.

existencia
No sabía nada de la existencia de ese
local.
Lleva una existencia muy dura.

Vorhandensein, Dasein, Existenz
Ich wusste nichts vom Vorhandensein
dieses Lokals.
Er führt ein hartes Dasein.

éxito
¡Le deseo mucho éxito!

Erfolg
Ich wünsche Ihnen viel Erfolg!

experiencia
tener experiencia
¡Ha sido una experiencia muy
   desagradable!

Erfahrung
Erfahrung haben
Das ist eine sehr unangenehme Erfahrung
   gewesen.

explicar
¿Me puede explicar esto?

erklären
Können Sie mir das hier erklären?

explicación
Es una buena explicación.

Erklärung
Das ist eine gute Erklärung.

exportar
exportar al extranjero

ausführen, exportieren
ins Ausland exportieren

exportación
la exportación de naranjas

Ausfuhr, Export
der Orangenexport

exposición
¿Has visitado ya la exposición?

Ausstellung
Hast du schon die Ausstellung besucht?

expresar
expresar su opinión
expresarse libremente

ausdrücken
die eigene Meinung ausdrücken
sich frei ausdrücken

expresión
No tiene expresión en la cara.

Ausdruck
Er hat keinerlei Ausdruck im Gesicht.

extensión
¿Cuántos kilómetros cuadrados de
   extensión tiene España?

Ausdehnung; Fläche
Wie viel Quadratkilometer beträgt die
   Fläche Spaniens?

exterior
la política exterior

äußerlich; Außen-
die Außenpolitik

extranjero
un turista extranjero
salir al extranjero

1. (Adj.) ausländisch; 2. (Subst.) Ausland
ein ausländischer Tourist
ins Ausland gehen

extraño
Su comportamiento es muy extraño.

sonderbar
Sein Verhalten ist sehr sonderbar.

extrañar
Me extraña lo que dice.

vermissen; erstaunen
Was er sagt, erstaunt mich.

extraordinario
una persona extraordinaria

außergewöhnlich
ein außergewöhnlicher Mensch

extremo
en un caso extremo
al otro extremo de la calle

1. (Adj.) extrem; Extrem-; 2. (Subst.) Ende
ein Extremfall
am anderen Ende der Straße

F

fábrica
una fábrica de coches

Fabrik
eine Autofabrik

fácil
una pregunta fácil

leicht
eine leichte Frage

facilidad
¡Con qué facilidad ha aprendido el
  español!
Tiene facilidad para los idiomas.

Leichtigkeit
*Mit welcher Leichtigkeit er doch Spanisch
  gelernt hat!*
Er ist begabt für Sprachen.

facilitar
¿Pueden facilitarme más
  informaciones?
Esto facilita mucho las cosas.

verschaffen; erleichtern
*Können Sie mir mehr Informationen
  verschaffen?*
Das erleichtert die Dinge sehr.

falda
una falda de verano

Rock
ein Sommerrock

falso
una persona falsa

falsch
eine falsche Person

falta
En fin, todos cometemos faltas.

Fehler
Schließlich begehen wir alle Fehler.

faltar
Por favor, falta un vaso.
¿Cuánto falta para llegar?
¡No faltaba más!

fehlen
Entschuldigung, es fehlt ein Glas!
Wie lange fehlt noch, bis wir ankommen?
Das hätte noch gefehlt!

familia
tener familia

Familie
eine Familie haben

familiar
Su cara me es familiar.
un asunto familiar

familiär, vertraut; Familien-
Sein Gesicht ist mir vertraut.
eine Familienangelegenheit

famoso
un museo famoso

berühmt
ein berühmtes Museum

fantástico
Has tenido una idea fantástica.

phantastisch, fabelhaft
Das ist eine fabelhafte Idee.

farmacia
ir a la farmacia

Apotheke
zur Apotheke gehen

fatal
El accidente ha sido fatal.
Hoy me encuentro fatal.

verhängnisvoll; tödlich
Es war ein tödlicher Unfall.
Heute geht es mir sehr schlecht.

favor
¿Me hace un favor?

Bitte; Gefallen
Tun Sie mir einen Gefallen?

por favor
Sí, por favor.
Por favor, ¿me puede decir si ...?

Por favor, ¡deja de protestar!
Dígame Vd. por favor, ¿dónde está ...?

bitte; Entschuldigung!
Ja, bitte.
Entschuldigung, könnten Sie mir sagen, ob ...?
Hör bitte auf, dich zu beschweren!
Sagen Sie mir bitte, wo ist ...?

favorable
El tiempo es favorable.

günstig
Die Zeit / Das Wetter ist günstig.

fax
Le voy a mandar un fax.

Fax
Ich schicke Ihnen ein Fax.

fe
Tiene mucha fe en Dios.

Glaube; Vertrauen
Er hat einen starken Gottesglauben.

fecha
¿Qué fecha le conviene más?

Datum
Welches Datum ist für Sie am besten?

feliz
¡Feliz Año Nuevo!

glücklich; froh
Frohes Neues Jahr!

felicidad
Eres la felicidad de mi vida.

Freude; Glück
Du bist das Glück meines Lebens.

felicidades
¡Muchas felicidades!

Glückwünsche
Herzlichen Glückwunsch!

felicitar
Le quiero felicitar por su cumpleaños.

gratulieren
Ich möchte Ihnen zum Geburtstag gratulieren.

femenino
una revista femenina

weiblich; Frauen-
eine Frauenzeitschrift

feo
¡Qué feo está lo que ha hecho!
Carmen no es nada fea.

hässlich; gemein
Wie gemein es ist, was er getan hat!
Carmen ist überhaupt nicht hässlich.

feria
la feria de Sevilla

Messe; Fest
die Messe von Sevilla

fiebre
tener fiebre

Fieber
Fieber haben

fiesta
¿Estuviste en la fiesta de Gonzalo?

Fest, Feier
Bist du auf Gonzalos Fest gewesen?

fijo
No tiene un trabajo fijo.

fest
Er hat keine feste Arbeit.

fijar
Tenemos que fijar una fecha exacta.

festhalten, festlegen
Wir müssen ein genaues Datum festlegen.

fijarse
Se fija en todos los detalles.

achten auf
Er achtet auf alle Einzelheiten.

filete
¿Quiere el filete muy hecho o poco hecho?

Filet
Möchten Sie das Filet durchgebraten oder lieber nicht ganz gar?

fin
Las vacaciones han llegado a su fin.

Ende
Die Ferien sind zu Ende.

en fin
En fin, esto ya no tiene remedio.

na ja, ... ; schließlich
Na ja, daran kann man nichts mehr ändern.

por fin
Por fin ha llegado la carta.

endlich
Endlich ist der Brief angekommen.

a fines de
a fines de enero

(z. B. bei Monaten) Ende ...
Ende Januar

final

Pongamos ahora punto final a la discusión.
No nos quedamos hasta el final de la película.

1. (Adj.) End-, letzte/r, letztes;
2. (Subst.) Ende
Setzen wir der Diskussion ein Ende!

Wir sind nicht bis zum Ende des Films geblieben.

a finales de
a finales de mayo

Ende ...
Ende Mai

fino
¡Qué persona tan fina!
¡Qué jersey tan fino! Vas a tener frío con él.

fein; höflich; dünn
Welch feiner Mensch!
Was für ein dünner Pullover! Dir wird kalt werden damit.

firma
La carta ha llegado sin firma.

una firma de exportación

Unterschrift; Firma
Der Brief ist ohne Unterschrift angekommen.
eine Exportfirma

firmar
¿Me firma Vd. aquí, por favor?

unterschreiben
Können Sie hier unterschreiben, bitte?

físico
el aspecto físico de una persona

physisch, körperlich
das Aussehen einer Person

flan
De postre hay flan.

Flan, Karamellpudding
Als Nachtisch gibt es Karamellpudding.

flor
¡Qué flores tan bonitas!

Blume
Was für schöne Blumen!

folleto
pedir un folleto de información

Broschüre
um eine Informationsbroschüre bitten

fondo
Al fondo de la calle está la estación.

Ende; Grund
Am Ende der Straße befindet sich der Bahnhof.

en el fondo
En el fondo tiene razón.

im Grunde
Im Grunde hat er Recht.

a fondo
Lo han examinado a fondo.

gründlich
Man hat ihn gründlich untersucht.

forma
¿Qué forma tiene, redondo o cuadrado?

Form, Gestalt
Welche Form hat er, rund oder viereckig?

de esta forma
De esta forma, te será más fácil.

auf diese Art
Auf diese Art wird es leichter sein für dich.

de otra forma
Coge un taxi, de otra forma llegarás tarde.

ansonsten
Nimm ein Taxi, sonst kommst du zu spät.

de todas formas
Yo voy de todas formas.

auf jeden Fall
Ich gehe auf jeden Fall.

formar
Forman un buen equipo.
Esto forma parte de su trabajo.

bilden; Teil sein
Sie bilden eine gute Mannschaft.
Das ist Teil seiner Arbeit.

formación
la formación profesional

Ausbildung
die berufliche Ausbildung

formal
un chico muy formal

förmlich; ernsthaft; wohlerzogen
ein wohlerzogenes Kind

formalidad
una persona que no tiene formalidad

Förmlichkeit; Ernsthaftigkeit; Pünktlichkeit
ein unzuverlässiger Mensch

foto
una foto en blanco y negro

Foto
ein Schwarz-Weiß-Foto

fotografía
Se dedica a la fotografía.
Esta fotografía salió oscura.

Fotografie
Er beschäftigt sich mit Fotografie.
Dieses Bild ist zu dunkel geworden.

fotocopia
¿Me haces una fotocopia?

Fotokopie
Machst du mir eine Fotokopie, bitte?

francamente
hablar francamente
Francamente, esto no me gusta nada.

ehrlich; offen gesagt
offen reden
Ehrlich gesagt, mir gefällt das überhaupt nicht.

frase
Es una frase muy larga.

Satz
Es ist ein sehr langer Satz

frecuente
Esto es muy frecuente en este país.

häufig
Das ist in diesem Land sehr häufig.

freno
Los frenos no funcionan.

Bremse
Die Bremsen funktionieren nicht.

frenar
Tuve que frenar de repente.

bremsen
Ich musste plötzlich bremsen.

frente
Se ha dado un golpe en la frente.

Stirn
Er hat sich die Stirn angeschlagen.

hacer frente
Tenemos que hacer frente a este
problema.

die Stirn bieten
Wir müssen diesem Problem die Stirn
bieten.

frente a
Frente a mí, estaba sentado Carlos.

gegenüber
Mir gegenüber saß Carlos.

fresco
Un poco de aire fresco te sentará bien.
¿Es pescado fresco?

frisch
Etwas frische Luft wird dir gut tun.
Ist der Fisch frisch?

refrescar
Ya refresca, entremos.

Me refrescaré con una ducha.

kühl werden; auffrischen, erfrischen
Es wird schon kühl. Lasst uns hinein
gehen.
Ich werde mich mit einer Dusche
erfrischen.

refresco
tomar un refresco

Erfrischung; Erfrischungsgetränk
eine Erfrischung zu sich nehmen

frío
¡Qué frío hace!
¡Qué frío tengo!
¡Qué frío está el vino!

1. (Subst.) Kälte; 2. (Adj.) kalt
Was für eine Kälte!
Wie kalt mir ist!
Wie kalt der Wein ist!

frito
pescado frito

frittiert, in Fett gebraten
gebratener Fisch

frontera
Desde aquí se ve la frontera.

Grenze
Von hier aus sieht man die Grenze.

fruta
¿Qué fruta hay? ¿Naranjas?

Obst
Was gibt es für Obst? Orangen?

fuego
¿Me da fuego, por favor?

Feuer
Haben Sie Feuer, bitte?

fuente
El agua de esta fuente no se puede
beber.
una noticia de buena fuente

Brunnen; (bei Nachrichten) Quelle
Das Wasser aus diesem Brunnen ist nicht
trinkbar.
eine Nachricht aus sicherer Quelle

fuerte
¡Qué hombre tan fuerte!

stark
Was für ein starker Mann!

fuerza
¡Qué fuerza tienes!
A la fuerza no conseguirás nada.

Stärke, Kraft; Gewalt
Wie stark du bist!
Mit Gewalt wirst du nichts erreichen.

Fuerzas Armadas
las Fuerzas Armadas del país

Streitkräfte
die Streitkräfte eines Landes

fumar
¿Puedo fumar?

rauchen
Darf ich rauchen?

fumador / no fumador
○ ¿Fumador? △ No, no fumador,
por favor.

Raucher / Nichtraucher
○ Raucher? △ Nein, Nichtraucher, bitte.

funcionar
La máquina no funciona.

funktionieren
Die Maschine funktioniert nicht.

función
La función termina a medianoche.
¿Qué función tiene este hombre en el
asunto?

Vorstellung; Rolle
Die Vorstellung endet um Mitternacht.
Welche Rolle spielt dieser Mann in der
Angelegenheit?

funcionamiento
el buen funcionamiento de las
máquinas

Betrieb
der einwandfreie Betrieb der Maschinen

fundamental
Hay una diferencia fundamental.

grundlegend
Es gibt einen grundlegenden Unterschied.

fútbol
Voy al fútbol.
un partido de fútbol

Fußball
Ich gehe zum Fußball.
ein Fußballspiel

futuro
El futuro lo veo negro.
su futuro marido

1. (Subst.) Zukunft; 2. (Adj.) zukünftig
Für die Zukunft sehe ich schwarz.
ihr zukünftiger Mann

G

gafas
unas gafas de sol

Brille
eine Sonnenbrille

ganar
¿Cuánto gana ahora?

gewinnen; verdienen
Wie viel verdient er jetzt?

ganas
No tengo ganas de comer.

Lust
Ich habe keine Lust zu essen.

garaje
El garaje cierra al mediodía.

Garage
Die Garage schließt um zwölf Uhr mittags.

garantizar
Nadie te puede garantizar nada.

garantieren
Niemand kann dir irgendetwas garantieren.

garantía
El reloj tiene una garantía de dos años.

Garantie
Die Uhr hat zwei Jahre Garantie.

garganta
Me duele la garganta.

Hals; Kehle
Ich habe Halsschmerzen.

gasolina
La gasolina está carísima.

Benzin
Das Benzin ist sehr teuer.

gastar
gastar dinero
Este coche gasta mucha gasolina.

ausgeben; verbrauchen
Geld ausgeben
Dieses Auto verbraucht viel Benzin.

gasto
los gastos de la casa

Kosten; Ausgabe
die Haushaltskosten

gato
¡Qué gato tan bonito!

Katze
Was für eine hübsche Katze!

general
una huelga general
En general, no me gusta beber cerveza.

generell; General-; allgemein
ein Generalstreik
Im allgemeinen trinke ich nicht gerne Bier.

generoso
Sé generoso con él y perdónale.
Fueron muy generosos con nosotros.

großzügig
Sei großzügig zu ihm und verzeih ihm!
Sie waren sehr großzügig zu uns.

generosidad
Su generosidad con nosotros ha sido extraordinaria.

Großzügigkeit
Seine Großzügigkeit uns gegenüber ist außerordentlich gewesen.

genial
Es un hombre genial.

eigentümlich; genial
Er ist ein genialer Mann.

gente
¡Cuánta gente!

Leute
Wie viele Leute!

giro postal
¡Por fin me llegó el giro postal!

Postanweisung
Endlich habe ich die Postanweisung erhalten!

gobierno
el nuevo gobierno

Regierung
die neue Regierung

golpe
Se ha dado un golpe en la cabeza.
El niño está dando golpes a la puerta.
Su muerte ha sido un golpe para la familia.

Schlag
Er ist mit dem Kopf aufgeschlagen.
Das Kind klopft an die Tür.
Sein Tod ist ein Schlag für die Familie gewesen.

gordo
¡Qué gordo está Pepe!
¡Qué libro tan gordo!

dick
Wie dick Pepe geworden ist!
Was für ein dickes Buch!

gracias
○ ¿Cómo está? △ Bien, gracias.
Gracias, igualmente.
¡Muchas gracias!
Gracias por tu regalo.

Danke
○ Wie geht es Ihnen? △ Danke. Gut.
Trotzdem (vielen) Dank.
Vielen Dank!
Danke für dein Geschenk.

gracias a
Gracias a Dios, ya hemos llegado.

dank ... ; ... sei Dank
Gott sei Dank sind wir schon angekommen.

gracioso
Es un chico muy gracioso.
¡Qué gracioso, no lo había notado!

witzig
Er ist ein sehr witziger Junge.
Wie witzig, das hatte ich gar nicht bemerkt!

grado
¿Cuántos grados tiene el agua?
el grado de contaminación

Grad
Wie viel Grad hat das Wasser?
der Grad der Umweltverschmutzung

gramo
doscientos gramos de chorizo

Gramm
zweihundert Gramm Wurst

grande
¡Qué casa tan grande!
Es una gran idea.

groß; großartig
Was für ein großes Haus!
Das ist eine großartige Idee.

grasa
La carne tiene demasiada grasa.

Fett
Das Fleisch hat zu viel Fett.

gratuito
La entrada es gratuita.

kostenlos, gratis
Der Eintritt ist gratis.

gratis
Los folletos son gratis.

gratis
Die Prospekte sind gratis.

grave
Ha tenido un accidente grave.

schlimm; ernst; gefährlich
Er hat einen schlimmen Unfall gehabt.

gravedad
la gravedad de la enfermedad

Ernst; Schwere
die Schwere der Krankheit

gripe
Está en la cama con gripe.

Grippe
Er liegt mit Grippe im Bett.

gris
un abrigo gris

grau
ein grauer Mantel

gritar
No grites tanto.

schreien
Schrei nicht so!

grito
Oí gritos de socorro.

Schrei
Ich habe Hilfeschreie gehört.

grupo
un grupo de amigos

Gruppe
eine Gruppe Freunde

guapo
Hola, guapo, ¿está tu papá?
¡Qué guapa estás hoy!

hübsch; gut aussehend
Hallo Kleiner! Ist dein Vater da?
Wie gut du heute aussiehst!

guardar
Guarda bien estos documentos, son
  importantes.

aufbewahren
Bewahre diese Papiere gut auf! Sie sind
  wichtig.

guardería
Llevo a los niños a la guardería.

Kindergarten
Ich bringe die Kinder in den Kindergarten.

guardia
Pregunte Vd. a un guardia.

Polizist
Fragen Sie doch einen Polizisten!

Guardia Civil
La Guardia Civil llegó enseguida al
  sitio del accidente.

(spanische) Polizei
Die Polizei war sofort am Unfallort.

guerra
Su padre murió en la guerra.

Krieg
Sein Vater ist im Krieg gestorben.

guía

Necesito una buena guía del Cuzco.

la guía de teléfonos
El guía habla cuatro idiomas.

1. (nur f.) Reiseführer/in;
  2. (m. und f.) Führer, Führerin
Ich brauche einen guten Reiseführer von
  Cuzco.
das Telefonbuch
Der Führer spricht vier Sprachen.

guitarra
¿Sabe Vd. tocar la guitarra?

Gitarre
Können Sie Gitarre spielen?

guitarrista
Paco de Lucía es un guitarrista muy
  bueno.

Gitarrist
Paco de Lucia ist ein sehr guter Gitarrist.

gustar
¡Me gusta mucho!
Me gustaría saber bailar.

gefallen; schmecken; etwas gerne tun
Es gefällt mir sehr!
Ich möchte gerne tanzen können.

gusto
¡Mucho gusto en conocerle!
¡Con mucho gusto!
¡Qué mal gusto!

Geschmack; Gefallen
Sehr erfreut Sie kennen zu lernen!
Sehr gerne!
Wie geschmacklos!

H

haber
Han llegado, y ya se lo he dicho.

(in der Regel als Hilfsverb) haben, sein
Sie sind angekommen und ich habe es
  ihnen schon gesagt.

hay
¿Cuántas botellas hay en la nevera?

es gibt; es ist, es sind
Wie viele Flaschen sind im Kühlschrank?

hay que
Hay que preguntar otra vez.

man muss
Man muss nochmals fragen.

no hay que
No hay que decir nada.

man darf nicht; man braucht nicht
Man darf nichts (davon) sagen.

habitación
Tenemos tres habitaciones.
una habitación libre
una habitación doble / individual

Zimmer
Wir haben drei Zimmer.
ein freies Zimmer
ein Doppelzimmer / ein Einzelzimmer

habitante
¿Cuántos habitantes tiene esta ciudad?

Einwohner
Wie viele Einwohner hat diese Stadt?

habitual
Lo hizo con su generosidad habitual.

üblich
Er hat es mit seiner üblichen
  Großzügigkeit getan.

hablar
¿Habla Vd. español?
Quisiera hablar con él.

sprechen
Sprechen Sie Spanisch?
Ich würde gern mit ihm sprechen.

hablar alto / bajo
No le oigo, ¿quiere hablar más alto?

laut sprechen, leise sprechen
Ich höre Sie nicht. Könnten Sie lauter
  sprechen?

hacer
¿Qué hacemos hoy?
¡Qué le vamos a hacer!
¡Qué buen tiempo hace!
Primero voy a hacer las maletas.
hace media hora
Hace tres días que salió.

machen, tun
Was tun wir heute?
Was sollen wir da machen?
Was für schönes Wetter heute ist!
Zuerst packe ich die Koffer.
vor einer halben Stunde
Vor drei Tagen ist er gegangen.

hacia
¿Hacia dónde vamos ahora?
hacia el oeste
hacia las seis

gegen; nach
Wohin gehen wir jetzt?
nach Westen
gegen sechs Uhr

hallar
El pueblo se halla muy mal
  comunicado.

finden; sich befinden
Das Dorf ist sehr schlecht erreichbar.

hambre
Tengo mucha hambre.

Hunger
Ich habe großen Hunger.

hasta
¡Hasta pronto! ¡Buen viaje!
El autobús le llevará hasta la estación.

hasta las seis de la tarde

bis
Bis bald! Gute Reise!
Der Bus wird Sie bis zum Bahnhof
  bringen.
bis um sechs Uhr abends

hay → **haber**

es gibt

hecho
Es un hecho que hay que aceptar.

Tatsache
Das ist eine Tatsache, die man
  akzeptieren muss.

helado
Querría un helado de chocolate, por
  favor.

Eis
Ich hätte gern ein Schokoladeneis, bitte.

herir

verwunden, verletzen

herirse
Se ha herido con un cuchillo.

sich verletzen
Er hat sich mit einem Messer verletzt.

herida
La herida es bastante profunda.

Wunde
Die Wunde ist ziemlich tief.

hermano, hermana
Mi hermano se llama Luis, y mi
  hermana, Inés.

Bruder, Schwester
Mein Bruder heißt Luis und meine
  Schwester Inés.

hermanado
Tenemos ciudades hermanadas en
  varios países.

verschwistert; Partner-
Wir haben in verschiedenen Ländern
  Partnerstädte.

hermoso
Hace un día hermoso.

schön
Es ist ein schöner Tag.

hielo
Estaba todo cubierto de hielo.
¿Quiere un poco de hielo en el agua?

Eis
Es war alles mit Eis bedeckt.
Möchten Sie etwas Eis im Wasser?

hijo, hija
Mi hija está de vacaciones.

Sohn, Tochter
Meine Tochter ist im Urlaub.

historia
un libro de Historia de España
Esta es otra historia.

Geschichte
ein Buch über die spanische Geschichte
Das ist eine andere Geschichte.

histórico
Fue un acontecimiento histórico.

geschichtlich, historisch
Es war ein historisches Ereignis.

hoja
una hoja de papel
Hay muchas hojas secas en la calle.

Blatt
ein Blatt Papier
Es liegen viele trockene Blätter auf der
Straße.

hola
¡Hola! ¿Qué tal?

Hallo
Hallo! Wie geht's?

hombre
un hombre joven
¡Hombre! ¡Qué sorpresa!
Vamos, hombre, levanta ese ánimo,
que no es para tanto.

Mann
ein junger Mann
Mensch, was für eine Freude!
Komm schon, Kopf hoch, so schlimm ist
es nicht.

hora
¿Qué hora es, por favor?
hora de salida / llegada
El avión llega en una hora y media.

Ya es hora de empezar.
¿Podría darme hora para el lunes?

Stunde; Uhrzeit, Zeit
Wie viel Uhr ist es?
Abfahrtszeit / Ankunftszeit
Das Flugzeug kommt in eineinhalb
Stunden an.
Es ist schon Zeit anzufangen.
Können Sie mir einen Termin für Montag
geben?

horario

Tengo un nuevo horario de trabajo.

Fíjate en el horario de los trenes.

1. (Subst.) Stundenplan; 2. (Adj.)
stündlich
Ich habe einen neuen Stundenplan für die
Arbeit.
Schau nach auf dem Zugfahrplan.

hospital
un hospital muy moderno

Krankenhaus
ein sehr modernes Krankenhaus

hotel
He reservado el hotel.

Hotel
Ich habe das Hotel reserviert.

hoy
Hoy está cerrado.

heute
Heute ist es geschlossen.

huelga
una huelga de obreros

Streik
ein Streik der Arbeiter

huevo
Los huevos están en la nevera.

Ei
Die Eier sind im Kühlschrank.

humo
¿Le molesta el humo?

Rauch
Stört Sie der Rauch?

humano
No es humano lo que están haciendo.

menschlich
Was sie machen, ist nicht menschlich.

   inhumano
   Es inhumano matar.

unmenschlich
Töten ist unmenschlich.

   humanidad
   El medio ambiente es importante
      para la humanidad.

Menschheit
Die Umwelt ist wichtig für die
   Menschheit.

húmedo
¡Qué clima tan húmedo!

feucht
Was für ein feuchtes Klima!

humor
Está siempre de mal humor.
Tiene sentido del humor.

Humor; Laune
Er ist immer schlechter Laune.
Er hat Sinn für Humor.

   humorista (m./f.)
   un famoso humorista

Humorist/in
ein berühmter Humorist

I

ida
ida y vuelta

Hinweg; Hinfahrt
Hin- und Rückfahrt

idea
una buena idea
No tengo ni idea.

Idee; Ahnung
eine gute Idee
Ich habe keine Ahnung.

ideal
Hace un tiempo ideal.

ideal
Es ist ideales Wetter.

   idealista
   Es un idealista.

Idealist
Er ist ein Idealist.

idioma
Habla varios idiomas.

Sprache
Er spricht mehrere Sprachen.

idiota
Es un idiota.
¡No seas idiota, hombre!

Idiot
Er ist ein Idiot.
Mensch, sei kein Idiot!

iglesia
La iglesia no está lejos.
la Iglesia

Kirche
Die Kirche ist nicht weit entfernt.
die Kirche (Institution)

igual
¡Es igual, como quiera!
Las dos maletas pesan igual.

genauso; gleich; egal
Es ist gleich. Wie immer Sie möchten.
Die beiden Koffer sind gleich schwer.

dar igual
Da igual, no importa.

gleichgültig sein
Es ist gleichgültig, es macht nichts.

igualmente
○ ¡Que se divierta! △ Gracias, igualmente.

trotzdem; gleichfalls
○ Amüsieren Sie sich! △ Danke, gleichfalls.

desigual
Es muy desigual en su trabajo.

ungleich; unbeständig; unterschiedlich
Er ist sehr unbeständig, was seine Arbeit betrifft.

dos hermanos bastante desiguales

zwei recht unterschiedliche Brüder

desigualdad
las desigualdades sociales

Ungleichheit
die sozialen Ungleichheiten

ilegal
Los inmigrantes ilegales son un problema.

illegal
Die illegalen Einwanderer sind ein Problem.

ilusión
Yo no le quitaría la ilusión.
Me hace ilusión ir a México.

Illusion; Freude
Ich würde ihm nicht die Illusion nehmen.
Ich schwärme davon, nach Mexiko zu fahren.

desilusionado
¡Estoy tan desilusionado!

enttäuscht
Ich bin so enttäuscht!

imagen
la imagen que tiene el país en el extranjero
Este aparato de televisión tiene una imagen fantástica.

Bild
das Bild, das man im Ausland von einem Land hat
Dieser Fernseher hat ein hervorragendes Bild.

imaginación
Para ese trabajo se necesita mucha imaginación.

Vorstellung; Fantasie
Für dies Arbeit braucht man viel Fantasie.

imaginarse
No se puede imaginar lo que me alegré.

sich vorstellen
Sie können sich nicht vorstellen, wie ich mich gefreut habe.

impedir
No le debes impedir que venga.

verhindern; hindern
Du darfst ihn nicht daran hindern zu kommen.

impermeable

Lleva, por si acaso, un impermeable.

1. (Subst.) Regenmantel; 2. (Adj.) wasserdicht; undurchdringlich
Nimm für alle Fälle einen Regenmantel mit.

importar
importar máquinas, coches

einführen
Maschinen einführen, Autos einführen

importación
Es una oficina de importación y
exportación.

Einfuhr, Import
Es ist ein Import-Export-Büro.

importar
¡No importa! Es igual.
¡No me importa nada el frío, quiero
salir!

wichtig sein; interessieren
Es ist nicht wichtig. Es ist egal!
Die Kälte macht mir nichts aus, ich
möchte hinaus gehen!

importancia
una noticia de mucha importancia
¡No tiene importancia!

Bedeutung, Wichtigkeit
eine Nachricht von großer Bedeutung
Das hat keine Bedeutung!

importante
una persona importante
Es importante decirlo.

bedeutend, wichtig
eine wichtige Person
Es ist wichtig, es zu sagen.

impresionar
Me impresiona lo que dice.

beeindrucken
Was er sagt, beeindruckt mich.

impresión
¿Qué impresión te causó el
abogado?
Me da una impresión de seguridad.
Me da la impresión de que va a
llover.

Eindruck
Welchen Eindruck hat dir der Anwalt
gemacht?
Er gibt mir ein Gefühl von Sicherheit.
Ich habe das Gefühl, dass es regnen wird.

impresionante
Es una obra de arte impresionante.

beeindruckend
Es ist ein beeindruckendes Kunstwerk.

impreso
Por favor, rellene este impreso.

Formular
Bitte füllen Sie dieses Formular aus!

impuestos
pagar los impuestos

Steuern
die Steuern zahlen

inadecuado
Fue una respuesta inadecuada.

unangebracht, unpassend
Es war eine unangebrachte Antwort.

incapaz
Me siento incapaz de decírselo.

unfähig
Ich fühle mich nicht in der Lage, es ihm
zu sagen.

incendio
Se produjo un incendio en el edificio.

Brand
Im Gebäude ist ein Brand ausgebrochen.

incluir
El viaje incluye una visita a Toledo.

beinhalten
Die Reise beinhaltet einen Besuch von
Toledo.

incluido
El servicio está incluido.

inbegriffen
Der Service ist inbegriffen.

incluso
Se trajo incluso a varios amigos.

sogar
Er hat sogar ein paar Freunde
mitgebracht.

inconveniente (m.)

Me parece inconveniente decírselo.

No tengo inconveniente.

1. (Adj.) unangebracht; 2. (Subst.)
Nachteil
Es scheint mir unangebracht, es ihm zu
sagen.
Ich habe nichts dagegen.

increíble → **creer**

unglaublich

independiente
Prefiero trabajar de forma
independiente.
una persona independiente

unabhängig; selbstständig
Ich arbeite lieber selbstständig.

eine unabhängige Person

indicar
¿Me podría Vd. indicar el camino?

zeigen; weisen
Könnten Sie mir den Weg weisen?

indio
los indios de los Andes

Indianer, Indios
die Indios der Anden

individual
habitación individual

einzeln; individuell
Einzelzimmer

industria
una industria muy fuerte

Industrie
eine starke Industrie

industrial
una ciudad industrial

industriell; Industrie-
eine Industriestadt

industrializar
Quieren industrializar más el país.

industrialisieren
Man möchte das Land stärker
industrialisieren.

infinidad
Hay una infinidad de errores en ese
texto.

Unmenge
Es gibt eine Unmenge Fehler in diesem
Text.

inflación
La inflación ha llegado al 5 por ciento.

Inflation
Die Inflation ist auf 5 Prozent
angestiegen.

influir
El tiempo influye en la agricultura.

beeinflussen
Das Wetter beeinflusst die Landwirtschaft.

influencia
la influencia de la televisión

Einfluss
der Einfluss des Fernsehens

informar
¿Quiere que le informe con más
detalle?

informieren
Möchten Sie genauer informiert werden?

información
El servicio de información está a la
entrada.
buscar más información

Information
Der Informationsschalter ist am Eingang.

mehr Informationen suchen

ingeniero
Quiere ser ingeniero industrial.

Ingenieur
Er möchte Ingenieur in der Industrie
werden.

injusto
Has sido injusto con él.

ungerecht
Du bist ungerecht zu ihm gewesen.

inmediatamente
¡Ven inmediatamente, es importante!
inmediatamente después

sofort; unverzüglich
Komm sofort! Es ist wichtig.
sofort danach

inmigrante
Los inmigrantes ilegales tienen muchos
problemas.

Einwanderer/-in
Die illegalen Einwanderer haben viele
Probleme.

insistir
No insista, no conseguirá nada.

auf etwas bestehen; auf etwas beharren
Beharren Sie nicht darauf. Sie werden
nichts erreichen

instrumento
Es un instrumento muy útil.

Instrument, Gerät
Das ist ein sehr nützliches Gerät.

instrumento de música
Toca varios instrumentos de música.

Musikinstrument
Er spielt verschiedene Musikinstrumente.

insuficiente
Es insuficiente lo que gana.

nicht ausreichend; ungenügend
Was er verdient, ist nicht ausreichend.

insumiso
Hay cada vez más insumisos en España.

Demonstrant
Es gibt immer mehr Demonstranten in
Spanien.

inteligente
¡Qué inteligente es tu perro!

intelligent
Wie intelligent dein Hund ist!

intención
Tengo la intención de ir a España.

No lo ha hecho con intención.

Absicht
Ich habe die Absicht nach Spanien zu
fahren.
Er hat es nicht mit Absicht getan.

intenso
un dolor intenso

intensiv; heftig
ein heftiger Schmerz

intensidad
la intensidad de la lluvia

Intensität; Stärke
die Stärke des Regens

intentar
¡Inténtalo otra vez!

versuchen
Versuch es noch einmal!

intento
Hemos hecho un intento, sin éxito.

Versuch
Wir haben einen Versuch gemacht, jedoch ohne Erfolg.

intercambio
Tuvieron un intercambio de ideas.
Hubo un intercambio de estudiantes.

Austausch
Sie hatten einen Ideenaustausch.
Es hat einen Studentenaustausch gegeben.

interés
Siga, le escucho con mucho interés.

Interesse
Sprechen Sie weiter, ich höre Ihnen mit großem Interesse zu.

interesante
¡Qué libro tan interesante!

interessant
Was für ein interessantes Buch!

interesar
Me interesa mucho lo que dice Vd.

interessieren
Es interessiert mich sehr, was Sie sagen.

interior
el interior del país
el ministro del Interior

Innere
das Landesinnere
der Innenminister

internacional
un aeropuerto internacional

international
ein internationaler Flughafen

interrumpir
No interrumpas, por favor, déjale hablar.

unterbrechen
Unterbrich bitte nicht! Lass ihn aussprechen.

íntimo
Son íntimos amigos.

intim; vertraut
Es sind sehr gute Freunde.

inútil
Es inútil que te lo diga.

unnütz; unnötig
Es ist unnötig, dass ich es dir sage.

inventar
No te inventes más historias.

erfinden
Erfinde keine Geschichten mehr!

invento
No se lo creo. Es un invento suyo.

Erfindung
Das glaube ich nicht. Es ist eine Erfindung von Ihnen.

invierno
¡Qué invierno tan largo!

Winter
Welch langer Winter!

invitar
Le invito.
¡Le invito a tomar café!

einladen
Ich lade Sie ein.
Ich lade Sie ein, einen Kaffee zu trinken.

invitación
Agradecemos su amable invitación.

Einladung
Wir bedanken uns für Ihre freundliche Einladung.

ir
Lo siento, no puedo ir.
¿Vamos a pie o en coche?

gehen
Es tut mir Leid, ich kann nicht hingehen.
Gehen wir zu Fuß oder fahren wir mit
    dem Auto?

ir a + Inf.
Lo voy a hacer, no se preocupe.

¡Vamos a tomar un café!
¡Vamos!, que eso no se puede hacer.

(gleich) etwas tun
Ich werde es (gleich) tun, machen Sie sich
    keine Sorgen.
Gehen wir einen Kaffee trinken!
Komm, also das kann man nicht machen!

irse
Tengo que irme enseguida.
Vamos, hombre, levanta ese ánimo,
    que no es para tanto.

weggehen
Ich muss sofort weggehen.
Komm schon, Kopf hoch, so schlimm ist
    es nicht.

isla
la isla de Mallorca

Insel
die Insel Mallorca

islámico
los países islámicos

islamisch
die islamischen Länder

izquierdo
el pie izquierdo

links
der linke Fuß

a la izquierda (de)
A la izquierda del ascensor hay un
    teléfono.

links von
Links vom Aufzug gibt es ein Telefon.

J

jabón
Este jabón huele muy bien.

Seife
Diese Seife riecht sehr gut.

jamás
No lo olvidaré jamás.

nie
Ich werde es nie vergessen.

jamón
Me gusta mucho este jamón.

Schinken
Dieser Schinken schmeckt mir sehr gut.

jardín
Hay un jardín detrás de la casa.

Garten
Hinter dem Haus gibt es einen Garten.

jefe
¿A qué hora viene el jefe?

Chef
Um wie viel Uhr kommt der Chef?

jersey
un jersey de lana

Pullover
ein Wollpullover

joven
una chica joven

jung
ein junges Mädchen

juventud
un programa dedicado a la juventud

Jugend
ein Programm für die Jugend

judío
un judío de Jerusalén

1. (Subst.) Jude; 2. (Adj.) jüdisch
ein Jude aus Jerusalem

jugar
Los niños juegan fuera.

spielen
Die Kinder spielen draußen.

juego
Es un juego muy divertido.

Spiel
Das ist ein sehr lustiges Spiel.

jugo
Un jugo de tomate, ¡por favor!

Saft
Einen Tomatensaft, bitte!

juicio
A mi juicio tiene razón.

Urteil; Meinung
Meiner Meinung nach hat er Recht.

junto
Lo voy a pagar todo junto.
Iremos juntas.

zusammen
Ich zahle alles zusammen.
Wir werden zusammen gehen.

junto a
Junto a la farmacia hay un estanco.

bei
Bei der Apotheke gibt es einen
Tabakladen.

justo
No es justo lo que han hecho.
Es justo lo que yo quiero.

richtig; gerecht; genau
Was sie getan haben, ist nicht gerecht.
Das ist genau, was ich möchte.

injusto
Has sido injusto con él.

ungerecht
Du bist ungerecht zu ihm gewesen.

justicia
El caso está en manos de la Justicia.

Gerechtigkeit; Recht
Der Fall wird von Rechts wegen
behandelt.

juzgar
Es difícil juzgar una cosa así.

urteilen; beurteilen
Es ist schwierig, so etwas zu beurteilen.

K

kilo
El kilo cuesta 5 euros.

Kilo
Das Kilo kostet 5 Euro.

kilómetro
La frontera está a un kilómetro.

Kilometer
Die Grenze ist einen Kilometer weit weg.

L

laboral
una nueva ley laboral

Arbeits-
ein neues Arbeitsgesetz

lado
al lado derecho
al otro lado de la calle
Vamos a dejar esto de lado.

Seite
auf der rechten Seite
auf der anderen Straßenseite
Lassen wir das beiseite.

al lado de
El cuarto de baño está al lado de la cocina.

neben
Das Badezimmer ist neben der Küche.

lago
el lago Titicaca

See
der Titicaca See

lámpara
la luz de la lámpara

Lampe
das Lampenlicht

lana
un par de calcetines de lana

Wolle
ein Paar Wollsocken

lanzar
Han lanzado al mercado un nuevo producto.

werfen; einführen
Sie haben ein neues Produkt auf den Markt gebracht.

lápiz
un lápiz rojo

Bleistift
ein Rotstift

largo
llevar el pelo largo

lang
langes Haar tragen

lástima
¡Qué lástima me da!

Mitleid; Bedauern
Wie mir das Leid tut!

latinoamericano
los países latinoamericanos

lateinamerikanisch
die lateinamerikanischen Staaten

lavar
Tengo que lavar la ropa.

waschen
Ich muss die Wäsche waschen.

lavarse
Por favor, ¿dónde puedo lavarme las manos?

sich waschen
Wo kann ich mir die Hände waschen, bitte?

lavabo
La habitación sólo tiene lavabo.

Waschbecken
Das Zimmer hat bloß ein Waschbecken.

lavandería
Voy a llevar la ropa a la lavandería.

Wäscherei
Ich bringe die Wäsche in die Wäscherei.

leche
¿Quiere el té con leche o con limón?

Milch
Möchten Sie den Tee mit Milch oder mit Zitrone?

leer
leer el periódico

lesen
die Zeitung lesen

legal
Esto no es legal, va contra la ley.

gesetzlich; gesetzmäßig; legal
Das ist gegen das Gesetz, es ist rechtswidrig.

ilegal
Los inmigrantes ilegales son un problema.

illegal
Die illegalen Einwanderer sind ein Problem.

legumbres
Sírvame unas legumbres con la carne.

Hülsenfrüchte; Gemüse
Ich hätte gerne ein paar Linsen oder Bohnen zum Fleisch.

lejos
Correos está lejos.

fern; weit weg
Das Postamt ist weit weg.

lejos de
Vivimos lejos del centro.

weit weg von
Wir wohnen weit weg von der Innenstadt.

alejarse
Nos hemos alejado del centro.
Se ha alejado un poco de sus viejos amigos.

sich entfernen / distanzieren
Wir haben uns vom Zentrum entfernt.
Er hat sich etwas von seinen alten Freunden distanziert.

lengua
¡Saque la lengua, por favor!
las lenguas de España

Zunge; Sprache
Strecken Sie die Zunge heraus, bitte!
die Sprachen Spaniens

lenguaje
Su lenguaje es muy técnico.

Sprache; Sprechweise
Seine Sprache ist sehr fachspezifisch.

lento
¡Qué lento es este tren!

langsam
Wie langsam dieser Zug ist!

levantar
¿Puedes levantar la caja?

aufheben, hochheben
Könntest du die Kiste hochheben?

levantarse
Por la mañana nos levantamos a las siete.

aufstehen
Am Morgen stehen wir um sieben Uhr auf.

ley
la nueva ley del divorcio

Gesetz
das neue Scheidungsgesetz

libre
Los domingos, la entrada es libre, no cuesta nada.
¿Está libre esta mesa?

frei; kostenlos, gratis
Am Sonntag ist der Eintritt frei, es kostet nichts.
Ist der Tisch hier frei?

libertad
la libertad de prensa
Me tomo la libertad de hacerlo.

Freiheit
die Pressefreiheit
Ich nehme mir die Freiheit, es zu tun.

libro
un libro interesante

Buch
ein interessantes Buch

ligero
un menú muy ligero

leicht
ein leichtes Menü

ligereza
Tomó la decisión con ligereza.

Leichtigkeit; Leichtsinn
Er traf die Entscheidung mit Leichtsinn.

límite
Has llegado al límite, eso no lo puedo
tolerar.

Grenze; Limit
Du hast alle Grenzen überschritten, das
kann ich nicht dulden.

limitar
¿Con qué países limita Argentina?

(an)grenzen; begrenzen; beschränken
An welche Länder grenzt Argentinien?

limón
un té con limón

Zitrone
einen Tee mit Zitrone

limpiar
limpiar el cristal del coche

reinigen
die Windschutzscheibe reinigen

limpio
un hotel muy limpio

sauber
ein sehr sauberes Hotel

línea
la línea de autobuses

Linie
die Buslinie

lío
¡En qué lío te has metido!

Durcheinander; Schwierigkeit
In was für Schwierigkeiten du dich
begeben hast!

lista
la lista de pasajeros

Liste
die Passagierliste

listo
Es una chica muy lista.
¿Estás listo para el viaje?

bereit, fertig; klug
Sie ist ein sehr kluges Mädchen.
Bist du reisefertig?

literatura
un libro de literatura

Literatur
ein belletristisches Buch

litro
un litro de vino

Liter
ein Liter Wein

local

El resultado tiene sólo valor local.
Busco un local para mi negocio.

1. (Adj.) örtlich, lokal; Orts-; 2. (Subst.)
Lokal, Raum
Das Ergebnis hat nur lokale Bedeutung.
Ich suche ein Lokal für mein Geschäft.

loco
¡Qué dices! ¿Estás loco?
Está loco por ella.

1. (Adj.) verrückt; 2. (Subst.) Verrückter
Was sagst du da? Bist du verrückt!
Er ist verrückt nach ihr.

locutorio
Voy al locutorio para llamar.

Fernsprechstelle
Ich gehe zur Fernsprechstelle zum
telefonieren.

lógico
No es lógico lo que dices.

logisch
Was du sagst, ist nicht logisch.

lograr
Por fin ha logrado una entrevista.

erreichen, erlangen; gelingen
Endlich ist es ihm gelungen, ein Vor-
stellungsgespräch zu vereinbaren.

lucha
la lucha diaria
la lucha por la libertad

Kampf
der tägliche Kampf
der Freiheitskampf

luchar
luchar por la libertad

kämpfen
für die Freiheit kämpfen

luego
Luego podemos ir al teatro.
Tomaremos café luego.

nachher, später
Nachher können wir ins Theater gehen.
Den Kaffee trinken wir später.

desde luego
Desde luego, ¡con mucho gusto!

selbstverständlich
Selbstverständlich, sehr gerne!

lugar
Es un lugar ideal para vivir.
La reunión no ha tenido lugar.
Si yo estuviera en tu lugar no iría de
viaje con él.

Ort; Stelle
Es ist ein idealer Ort zum leben.
Die Sitzung hat nicht stattgefunden.
Wenn ich an deiner Stelle wäre, würde ich
nicht mit ihm verreisen.

lujo
un hotel de lujo

luxuriös; Luxus-
ein Luxushotel

luna
Esta noche hay luna llena.

Mond
Heute Nacht ist Vollmond.

luz
Aquí hay poca luz.
apagar la luz

Licht
Hier gibt es wenig Licht.
das Licht ausmachen

llamar
Llamo a los niños para que vengan a
comer.
Desde su habitación puede llamar por
teléfono.

rufen; anrufen, telefonieren
Ich rufe die Kinder, damit sie zum Essen
kommen.
Von Ihrem Zimmer aus können Sie
telefonieren.

llamarse
¿Cómo se llama Vd., por favor?

heißen
Wie heißen Sie, bitte?

llamada
hacer una llamada telefónica

Anruf
einen Anruf machen

llave
la llave del coche

Schlüssel
der Autoschlüssel

llegar
¡Perdón, llego con un poco de retraso!

El tren ha llegado en punto.

ankommen
Entschuldigung, ich komme etwas zu spät!
Der Zug ist pünktlich angekommen.

llegada
La llegada del avión es a las dos.

la hora de llegada

Ankunft
Die Ankunft des Flugzeugs ist um zwei Uhr.
die Ankunftszeit

lleno
El teatro está lleno.

voll
Das Theater ist voll.

llenar
Ya he llenado las hojas.

füllen; ausfüllen
Ich habe schon die Papiere ausgefüllt.

rellenar
Por favor, rellene este impreso.

ausfüllen
Bitte füllen Sie dieses Formular aus!

llevar
El autobús le lleva a Vd. hasta el centro de la ciudad.
El niño lleva hoy un jersey nuevo.

Llevo ya cinco años aquí.

bringen, hinbringen; tragen
Der Bus bringt Sie bis in die Innenstadt.

Der Junge trägt heute einen neuen Pullover.
Ich bin schon fünf Jahre hier.

llevarse
Me llevo este libro, me gusta mucho.

mitnehmen
Ich nehme dieses Buch mit, es gefällt mir sehr.

llorar
No llores más, por favor, te compro un helado.

weinen
Bitte hör auf zu weinen, ich kaufe dir ein Eis.

llover
¡Cuánto llueve en esta ciudad!

regnen
Wie oft es in dieser Stadt regnet!

lluvia
No hubo partido a causa de la lluvia.

Regen
Aufgrund des Regens fand das Fußballspiel nicht statt.

M

madera
una mesa de madera

Holz
ein Holztisch

madre
Mi madre no está en casa.

Mutter
Meine Mutter ist nicht zu Hause.

maduro
Los plátanos ya están maduros.

reif
Die Bananen sind schon reif.

maestro, maestra
La maestra de mi hijo es muy
   agradable.

Lehrer, Lehrerin
Die Lehrerin von meinem Sohn ist sehr
   nett.

magnífico
una experiencia magnífica

ausgezeichnet
ein ausgezeichnetes Erlebnis

malo
Juan está malo, no puede venir con
   nosotros.

krank; schlecht
Juan ist krank, er kann nicht mitkommen.

mal
Juan se encuentra mal.
Este vino no está mal.
el bien y el mal

1. (Adv.) schlecht; 2. (Subst.) Böse
Juan geht es schlecht.
Dieser Wein ist nicht schlecht.
das Gute und das Böse

   malentendido
   Aquí hay un malentendido.

Missverständnis
Hier gibt es ein Missverständnis.

maleta
Las maletas están hechas.

Koffer
Die Koffer sind gepackt.

mandar
mandar un paquete
En nuestra casa manda la abuela.

schicken; befehlen
ein Paket schicken
Bei uns zu Hause hat die Oma das Sagen.

manejar
A Rosa le gusta manejar el coche.
Manejó muy bien la situación.

Auto fahren; handhaben
Rosa fährt gern Auto.
Er hat die Situation gut gehandhabt.

manera
¡Qué manera de hablar!

Art; Weise
Wie viel er spricht!

   de esta manera
   De esta manera no consigues nada.

auf diese Art
Auf diese Art erreichst du nichts.

   de manera que
   De manera que ya no te interesa
      comprar el coche.

so dass
Du bist also nicht mehr daran interessiert,
   das Auto zu kaufen.

   de tal manera
   Lo dijo de tal manera que todos se
      rieron.

auf so eine Art
Er hat es auf eine Art gesagt, dass alle
   lachen mussten.

de otra manera
Hay que hacerlo de otra manera.

auf andere Art
Man muss es auf eine andere Art
machen.

de ninguna manera
¡No quiero, de ninguna manera!

keineswegs; auf gar keinen Fall
Ich möchte auf gar keinen Fall!

de todas maneras
De todas maneras, yo no tenía ganas
de ir al cine.
Lo haré de todas maneras.

auf jeden Fall
Auf jeden Fall hatte ich keine Lust ins Kino
zu gehen.
Ich werde es auf jeden Fall tun.

manifestación
una manifestación de 100.000 personas

Demonstration
eine Demonstration mit 100.000 Leuten

mano
Me he hecho daño en la mano.
Dame la mano.

Hand
Ich habe mir die Hand weh getan.
Gib mir die Hand!

manta
Hace frío, pon otra manta.

Decke
Es ist kalt. Nimm noch eine Decke.

mantener
Espero que mantengamos el contacto.

behalten; aufrecht erhalten
Ich hoffe, dass wir in Verbindung bleiben.

mantequilla
pan con mantequilla

Butter
Brot mit Butter

manzana
Estas manzanas están todavía verdes.

Apfel
Diese Äpfel sind noch grün.

mañana
Mañana salimos de viaje.
Esta mañana no trabajo.

1. (Adv.) morgen; 2. (Subst.) Morgen
Morgen verreisen wir.
Heute Morgen arbeite ich nicht.

pasado mañana
Pasado mañana iremos a cenar a
casa de Paco.

übermorgen
Übermorgen gehen wir zu Pablo zum
Abendessen.

mapa
No olvides llevar un mapa de
carreteras.

Karte
Vergiss nicht, eine Straßenkarte
mitzunehmen!

máquina
la máquina de escribir

Maschine, Apparat
die Schreibmaschine

mar
El agua del mar está hoy muy fría.

Meer
Das Meer(wasser) ist heute sehr kalt.

Marina
Mi hermano es oficial de Marina.

Marine
Mein Bruder ist Marineoffizier.

maravilla
Este niño es una maravilla.
Lo hace todo de maravilla.

Wunder
Dieses Kind ist wunderbar.
Er macht alles wunderbar.

marca
¿De qué marca es su coche?
Es un vino de marca.

Marke
Von welcher Marke ist Ihr Auto?
Das ist ein Markenwein.

marcar
Marque el número en la cabina 5.

wählen
Wählen Sie die Nummer in der Kabine 5.

marchar
¿Cómo marchan los negocios?

marschieren; gehen
Wie geht das Geschäft?

marcharse
¡Adiós, nos marchamos!

weggehen; abreisen
Tschüss, wir reisen ab!

marcha
poner en marcha el motor

Marsch
den Motor anlassen

marginado
el problema de los marginados

1. (Subst.) Außenseiter; 2. (Adj.) Rand-
das Problem der (sozialen) Randgruppen

marido
¿Cómo está su marido, señora?

Ehemann, Mann
Wie geht es Ihrem Mann?

mariscos
En este mes no hay mariscos.

Meeresfrüchte
In diesem Monat gibt es keine
Meeresfrüchte.

marrón
Lleva un abrigo marrón.

braun
Er trägt einen braunen Mantel.

más
(en cartas) Nada más por hoy.
Gracias, no necesito nada más.
José es más joven que yo.

mehr; (Adj. beim Vergleich) als
(in Briefen) Genug für heute.
Danke ich brauche sonst nichts mehr.
José ist jünger als ich.

más o menos
Debe costar diez euros, más o
menos.

mehr oder weniger
Das wird mehr oder weniger zehn Euro
kosten.

más bien
Yo diría que es más bien alto.

vielmehr
Ich würde vielmehr sagen, dass er groß
ist.

más que nada
Esquiar le gusta más que nada.
Más que nada era para saberlo.

am besten; über alles; vor allem
Skifahren liebt er über alles.
Es war vor allem, um es zu wissen.

masculino
Había un público en su mayoría
masculino.

männlich
Das Publikum war zum größten Teil
männlich.

matar
Lo mataron al salir de su casa.

Lo que has hecho es para matarte.

Se mató con el coche.

töten; umbringen
Man hat ihn umgebracht, als er gerade
  aus dem Haus ging.
Für das, was du getan hast, sollte man
  dich umbringen.
Er ist bei einem Autounfall umgekommen.

material
¿De qué material es?
Es un material fotográfico muy bueno.

Material
Aus welchem Material ist es?
Das ist sehr gutes Fotomaterial.

materia prima
La industria tiene que importar materias
  primas.

Rohstoff
Die Industrie muss Rohstoffe importieren.

matrimonio
el matrimonio civil
un joven matrimonio

Ehe; Eheschließung; Ehepaar
die standesamtliche Eheschließung
ein junges Ehepaar

máximo
Esto cuesta, como máximo, cien euros.
realizar un esfuerzo máximo

sehr groß; Höchst-
Das hier kostet höchstens hundert Euro.
sich aufs Höchste anstrengen

mayor
el mayor de los hermanos

größer; älter
der ältere Bruder

  mayor de edad
  Ya es mayor de edad.

volljährig
Er ist schon volljährig.

  mayoría
  La mayoría está de acuerdo.

Mehrheit
Die Mehrheit ist einverstanden.

mecánico

el mecánico del garaje
Es un trabajo mecánico.

1. (Subst.) Mechaniker; 2. (Adj.)
  mechanisch
der Werkstattmechaniker
Es ist eine mechanische Arbeit.

medias
unas medias de algodón

Strümpfe
(ein Paar) Wollstrümpfe

médico
El médico llegará enseguida.
un certificado médico

1. (Subst.) Arzt; 2. (Adj.) ärztlich
Der Arzt kommt sofort.
eine ärztliche Bescheinigung

  medicina
  Debe tomar la medicina tres veces
    al día.

Medizin, Medikament
Sie müssen das Medikament drei Mal am
  Tag nehmen.

medir
La niña mide ya un metro.
Tengo que medir la superficie de la
  sala.

messen; ausmessen
Das Mädchen ist schon einen Meter groß.
Ich muss die Fläche des Saals ausmessen.

medida
tomar medidas
¿Tiene Vd. las medidas exactas?

Maß; Maßnahme
Maßnahmen ergreifen
Haben Sie die genauen Maße?

medio
Hemos tardado un día y medio en
llegar.
Por favor, medio kilo de filetes.
La media pensión cuesta 40 euros al
día.
Son las tres y media.
Él lo quiere conseguir por todos los
medios.

1. (Adj.) halb; Mittel-; 2. (Subst.) Mittel
*Wir haben eineinhalb Tage gebraucht um
anzukommen.*
Bitte ein halbes Kilo Filets.
*Die Halbpension kostet vierzig Euro am
Tag.*
Es ist halb vier.
Er möchte es mit allen Mitteln erlangen.

medio ambiente
un medio ambiente sin
contaminación

Umwelt
eine Umwelt ohne Verschmutzung

medianoche
Saldremos a medianoche.

Mitternacht
Wir fahren um Mitternacht ab.

mediodía
A mediodía, interrumpimos la
reunión.

Mittag
Mittags unterbrechen wir die Sitzung.

a mediados de
a mediados de febrero

Mitte ... (Monat)
Mitte Februar

en medio de
No me siento bien en medio de
tanta gente.

inmitten; unter
*Ich fühle mich nicht wohl unter so vielen
Leuten.*

mediterráneo
el Mar Mediterráneo
los países mediterráneos

Mittelmeer; Mittelmeer-
das Mittelmeer
die Mittelmeerländer

mejor

El enfermo se encuentra mejor.
Esta televisión es mucho mejor que la
mía.
Habla Vd. mejor que yo.
Compre este coñac: es el mejor.

*1. (Adv.) besser; 2. (Adj.) der beste, die
beste, das beste*
Dem Kranken geht es besser.
Dieser Fernseher ist viel besser als meiner.

Sie sprechen besser als ich.
*Kaufen Sie diesen Cognac. Es ist der
beste.*

mejorar
El tiempo va a mejorar.
Juan quiere mejorar sus
conocimientos de inglés.

verbessern; besser werden
Das Wetter wird besser werden.
*Juan möchte seine Englischkenntnisse
verbessern.*

mejorarse
¡Que se mejore!

gesund werden
Werden Sie gesund!

mejora
Después de las obras, la mejora de la casa era evidente.

Verbesserung
Nach den Bauarbeiten, gab es am Haus eine deutliche Verbesserung.

memoria
Tiene buena memoria.
No lo sé de memoria.

Erinnerung; Gedächtnis
Er hat ein gutes Gedächtnis.
Ich weiß es nicht auswendig.

mencionar
Cuando venga mi padre, no menciones esto.

erwähnen
Erwähne dies nicht, wenn mein Vater kommt!

menor
Lo considero un mal menor.

kleiner; jünger
Das ist für mich das kleinere Übel.

menor de edad

Paco es menor de edad.
el menor de los hermanos

1. (Adj.) minderjährig; 2. (Subst.) Minderjährige/r
Paco ist minderjährig.
der jüngere Bruder

menos
La entrada cuesta menos los domingos.
Este libro es menos interesante.

weniger
Der Eintritt kostet am Sonntag weniger.
Dieses Buch ist weniger interessant.

por lo menos
Tiene por lo menos 10.000 euros.

mindestens
Er hat mindestens 10.000 Euro.

mentalidad
Tienen una mentalidad diferente.

Mentalität
Sie haben eine andere Mentalität.

mentir
No mientas, ya sabes que yo también lo vi.

lügen
Lüge nicht! Du weißt doch, dass ich es auch gesehen habe.

mentira
¡Mentira! No ha dicho eso.

Lüge
Das stimmt nicht! Das hat er nicht gesagt.

menú
El menú del día cuesta 10 euros.
¿Me trae el menú / la carta?

Menü; Speisekarte
Das Tagesmenü kostet 10 Euro.
Können Sie mir die Speisekarte bringen, bitte?

menudo
Es una chica menuda y bajita.
¡Menudo problema que tenemos!

klein, zierlich; (ironisch) groß
Sie ist ein zierliches, kleines Mädchen.
Wir haben ein großes Problem!

a menudo
Esto pasa muy a menudo.

oft
Das passiert sehr oft.

mercado
En el mercado venden flores.

Markt
Auf dem Markt gibt es Blumen zu kaufen.

supermercado
El supermercado cierra a la una.

Supermarkt
Der Supermarkt schließt um 13:00 Uhr.

mercancía
mercancías de todo el mundo

Ware
Waren aus aller Welt

merecer
Se merece el premio.

verdienen
Er verdient den ersten Preis.

mermelada
mermelada de naranja

Marmelade
Orangenmarmelade

mes
el mes que viene

Monat
nächsten Monat

mesa
La comida está ya en la mesa.

Tisch
Das Essen steht schon auf dem Tisch.

metal
La lámpara es de metal.

Metall
Die Lampe ist aus Metall.

meter
meter el dinero en el banco

(hin)bringen; (hin)tun
das Geld auf die Bank bringen

Metro
tomar el metro o el autobús

U-Bahn
die U-Bahn oder den Bus nehmen

metro
La parada está a cien metros de aquí.

Meter
Die Haltestelle ist hundert Meter entfernt.

mezclar
Hay que mezclar los dos colores.

mischen
Man muss zwei Farben mischen.

mezcla
una mezcla de colores un poco rara

Mischung
eine etwas sonderbare Farbmischung

microondas
Calentamos la comida en el
  microondas.

Mikrowelle
Wir machen das Essen in der Mikrowelle
  warm.

miedo
El niño tiene miedo por las noches.

Angst
Das Kind hat in der Nacht Angst.

de miedo
Lo hemos pasado de miedo.

phantastisch
Wir haben eine tolle Zeit verbracht.

miembro
un miembro de la familia

Mitglied
ein Familienmitglied

mientras
Mientras espera, ¿quiere algo para leer?

während
Möchten Sie etwas lesen, während Sie
  warten?

mientras que
Él es tranquilo, mientras que ella es muy nerviosa.

während, wo hingegen
Er ist ruhig, während sie sehr nervös ist.

mientras tanto
Mientras tanto, llamaré a mi casa.

in der Zwischenzeit
In der Zwischenzeit rufe ich zu Hause an.

militar

un avión militar
Los militares ya no tienen el poder.

1. (Adj.) militärisch, Militär-; 2. (Subst.)
Soldat
ein Militärflugzeug
Das Militär ist nicht mehr an der Macht.

millón
un millón de euros

Million
eine Million Euro

mínimo
Cuesta como mínimo un millón.
Es lo mínimo que puedes hacer.

mindest; mindestens
Das kostet mindestens eine Million.
Das ist das Mindeste, das du tun kannst.

ministro
el ministro de Asuntos Exteriores

Minister
der Außenminister

minuto
un minuto de retraso

Minute
eine Minute Verspätung

mirar
Voy a mirar si tengo bastante dinero.
Mire Vd., le voy a decir una cosa.

Mira, es que me quería comprar un ordenador.

schauen; anschauen
Ich schau nach, ob ich genug Geld habe.
Schauen Sie mal, ich möchte Ihnen etwas sagen.
Hör mal, ich wollte mir ja einen Computer kaufen.

mirada
Su mirada era triste.

Blick
Sein Blick war traurig.

misa
La misa empieza a las nueve.

Messe
Die Messe beginnt um neun.

miseria
Hay mucha miseria en el país.
Viven en la miseria.

Armut; Elend
Es gibt große Armut im Land.
Sie leben in großer Armut.

mismo
Es del mismo color que el mío.
¡Yo pienso lo mismo!
ahora mismo
aquí mismo
en esta misma calle

selbst; derselbe, dieselbe, dasselbe
Es ist von derselben Farbe wie meines.
Ich denke dasselbe!
jetzt gleich
hier (an dieser Stelle)
in dieser selben Straße

misterioso
Todo este asunto es muy misterioso.

rätselhaft
Die ganze Angelegenheit ist sehr rätselhaft.

mitad
la mitad de un limón

Hälfte
eine Zitronenhälfte

mochila
Los jóvenes por lo general viajan con mochila.

Rucksack
Die Jugendlichen reisen meistens mit dem Rucksack.

moda
una revista de modas
Es una moda como otra cualquiera.
Esto está muy de moda ahora.

Mode
eine Modezeitschrift
Das ist eine Mode wie jede andere.
Das ist heute sehr in Mode.

modelo
un nuevo modelo de coche

Modell
ein neues Automodell

moderado
un político moderado

gemäßigt
ein gemäßigter Politiker

moderno
un hospital moderno

modern
ein modernes Krankenhaus

modo
¿De qué modo arreglamos la avería?

Art; Weise
Auf welche Weise reparieren wir den Schaden?

de modo que
De modo que te vas a México

so dass; also
Du fährst also nach Mexiko?

de todos modos
De todos modos, le traigo la carta el jueves.

auf jeden Fall
Auf jeden Fall bringe ich Ihnen den Brief am Donnerstag.

mojar
¡Cuidado, te vas a mojar!

nass machen; nass werden
Vorsicht! Du wirst sonst nass.

molestar
¿Le molesta que fume?

stören
Stört es Sie, wenn ich rauche?

molestarse
No se moleste Vd.

sich bemühen
Bemühen Sie sich nicht.

molestia
Por favor, no es ninguna molestia.

Mühe; Störung
Aber bitte, das ist doch überhaupt keine Mühe!

momento
Un momento, por favor.

Moment
Einen Moment, bitte!

moneda
La moneda de Guatemala es el quetzal.

¿Tiene una moneda de 2 euros?

Münze; Währung
Die Währung von Guatemala ist der Quetzal.
Hätten Sie eine 2-Euro-Münze?

monte
Subimos a lo alto del monte.

Berg
Wir sind auf den Berg gestiegen.

montaña
ir de excursión a la montaña

Berg; Gebirge
einen Ausflug in die Berge machen

montón
¡Pero es un montón de dinero!
Tengo que hacer un montón de
   cosas.

Menge
Das ist doch eine Menge Geld!
Ich muss sehr viele Dinge erledigen.

monumento
La ciudad tiene muchos monumentos
   que visitar.

Monument, Denkmal; Sehenswürdigkeit
In der Stadt gibt es viele
   Sehenswürdigkeiten zu besichtigen.

moqueta
El color de la moqueta no me gusta.

Teppichboden
Die Farbe des Teppichbodens gefällt mir
   nicht.

moral
Es una obligación moral.

1. (Adj.) moralisch; 2. (Subst.) Moral
Es ist eine moralische Verpflichtung.

moreno

¡Qué moreno has vuelto de las
   vacaciones!
¡Qué morena está Carmen!

dunkelhäutig, braun (gebrannt);
   dunkelhaarig
Wie braun gebrannt du aus den Ferien
   zurück gekommen bist!
Wie braun Carmen ist!

morir
Murió en un accidente.

sterben; umkommen
Er ist bei einem Unfall umgekommen.

mostrar
Le voy a mostrar algunos modelos.

zeigen
Ich zeige Ihnen einige Modelle.

motivo
¿Por qué motivo llegas tarde?
¿Qué motivo puede tener él?

Grund
Aus welchem Grund kommst du zu spät?
Was für einen Grund könnte er haben?

motocicleta, moto
Las motos hacen mucho ruido.

Motorrad
Motorräder machen viel Lärm.

motor
el motor del coche

Motor
der Automotor

mover
No te muevas de aquí, enseguida
   vuelvo.

bewegen
Beweg dich nicht von hier weg!
   Ich komme gleich wieder.

movimiento
un movimiento popular
En esta plaza hay mucho
   movimiento.

Bewegung
eine Volksbewegung
Auf diesem Platz ist viel los.

muchacho, muchacha
Los muchachos del pueblo han organizado una fiesta.

Junge, Mädchen; Jugendliche
Die Jugendlichen aus dem Dorf haben ein Fest organisiert.

mucho
¡Mucho gusto en conocerle!
¡Mucha suerte!
¡Lo haré con mucho gusto!
No gano mucho.
Me gusta mucho.

viel; sehr
Sehr erfreut, Sie kennen zu lernen!
Viel Glück!
Ich tu es sehr gerne!
Ich verdiene nicht viel.
Es gefällt mir sehr.

mucho tiempo
El autobús tarda mucho tiempo en llegar.

lange
Der Bus braucht lange, bis er hier ist.

muchas gracias
¡Muchas gracias por todo!

vielen Dank
Vielen Dank für alles!

mueble
Los muebles son de madera.

Möbel
Die Möbel sind aus Holz.

amueblado
La casa ya está amueblada.

möbliert
Das Haus ist schon möbliert.

muela
¿Te duele mucho la muela?

Backenzahn
Tut dir der Backenzahn sehr weh?

muerte
La muerte de su tío fue inesperada.

Tod
Der Tod seines Onkels war unerwartet.

mujer
Mi mujer está de viaje.
Es una mujer joven.

Frau
Meine Frau ist verreist.
Es ist eine junge Frau.

multa
Me pusieron una multa.

Strafzettel
Ich habe einen Strafzettel bekommen.

mundo
todo el mundo
el mundo del deporte

Welt
die ganze Welt; alle
die Sportwelt

municipio
La situación económica del municipio es difícil.

Gemeinde
Die wirtschaftliche Lage der Gemeinde ist schwierig.

municipal
la compañía municipal de teatro
los transportes municipales

städtisch; Stadt-, Gemeinde-
das Gemeindetheater
die städtischen Verkehrsmittel

muro
un muro de piedra

Mauer
eine Steinmauer

museo
El museo está en el centro de la ciudad.

Museum
Das Museum ist im Stadtzentrum.

música
una música agradable

Musik
eine angenehme Musik

musical
Algunas lenguas son más musicales
que otras.

musikalisch; Musik-
Manche Sprachen sind musikalischer als
andere.

muy
¡Esto está muy bien!
El agua está muy fría.

sehr
Das hier ist sehr gut!
Das Wasser ist sehr kalt.

N

nacer
El niño ha nacido anoche.

geboren werden
Das Kind wurde gestern Abend geboren.

nación
las naciones latinoamericanas
el presidente de la nación

Staat
die lateinamerikanischen Staaten
der Staatspräsident

nacional
la carretera nacional

staatlich; Staats-
die Staatsstraße

nacionalidad
¿Qué nacionalidad tiene Vd.?

Staatsangehörigkeit
Welche Staatsangehörigkeit besitzen Sie?

internacional
un aeropuerto internacional

international
ein internationaler Flughafen

nada
○ ¡Gracias! △ ¡De nada!
No me interesa nada esto.

Nada, no preocuparos, a las once y
media estaréis allí.

nichts; überhaupt nicht
○ Danke! △ Nichts zu danken.
Das hier interessiert mich überhaupt
nicht.
Also, macht euch keine Sorgen, um halb
zwölf werdet ihr dort sein.

nadar
Tendrías que aprender a nadar.

schwimmen
Du solltest schwimmen lernen.

nadie
No hay nadie en la habitación.

niemand
Es ist niemand im Zimmer.

naranja
un jugo de naranja

Orange
ein Orangensaft

nariz
Necesito gotas para la nariz.

Nase
Ich benötige Nasentropfen.

natural
un jugo natural
Esto es natural.

natürlich; Natur-
ein Natursaft
Das ist natürlich.

naturaleza
Hay que proteger la naturaleza.
Es generoso por naturaleza.

Natur
Man muss die Natur schützen.
Er ist großzügig von Natur.

Navidad
¡Feliz Navidad!

Weihnachten
Frohe Weihnachten!

necesario
No es necesario llamar por teléfono.

notwendig, nötig
Es ist nicht nötig zu telefonieren.

necesidad
un producto de primera necesidad
¿Qué necesidad tenías de decirlo?

Notwendigkeit, Bedarf
ein lebensnotwendiges Erzeugnis
War es nötig, das zu sagen?

necesitar
¿Necesita Vd. algo?

benötigen
Benötigen Sie etwas?

negar
Tienes razón, no lo niego.
Negó con la cabeza.
El ladrón lo ha negado todo.

leugnen; verneinen
Du hast Recht, das leugne ich nicht.
Er verneinte es mit Kopfschütteln.
Der Dieb hat alles geleugnet.

negarse
Me niego a responder.

sich weigern
Ich weigere mich zu antworten.

negativo
Tu actitud me parece muy negativa.

negativ
Deine Einstellung finde ich sehr negativ.

negocio
un buen negocio

Geschäft
ein gutes Geschäft

negro
un bolso negro

schwarz
eine schwarze Tasche

nervio
¡Qué nervios tienes hoy!

Nerv
Was bist du heute bloß nervös!

nervioso
Si te pones nervioso, será peor.

nervös
Wenn du nervös wirst, ist es noch
schlimmer.

neumático
He comprado nuevos neumáticos para
el coche.

Reifen
Ich habe neue Autoreifen gekauft.

nevar
Ha nevado toda la noche.

schneien
Es hat die ganze Nacht geschneit.

nieve
¡Cuánta nieve ha caído!

Schnee
Wie viel Schnee gefallen ist!

nevera — *Kühlschrank*
La cerveza está en la nevera. — *Das Bier ist im Kühlschrank.*

ni — *auch nicht; nicht einmal*
Ni lo uno, ni lo otro. — *weder das eine noch das andere*
Yo no voy, ni tampoco mi hermano. — *Ich gehe nicht hin und auch nicht mein Bruder.*
No tengo ni cinco. — *Ich habe nicht einmal fünf.*
¡Ni idea! — *Daran ist nicht zu denken!*
¡Ni hablar! — *Davon ist keine Rede!*

niebla — *Nebel*
Hay niebla, conduce más despacio. — *Es gibt Nebel, fahr langsamer!*

ninguno — *kein*
○ ¿Hay alguna carta para mí? △ No, no hay ninguna. — *○ Gibt es Post für mich? △ Nein es ist keine da.*
No viene ningún autobús. — *Es kommt kein Bus (vorbei).*

niño, niña — *Junge, Mädchen; Kind*
Tienen dos hijos: un niño y una niña. — *Sie haben zwei Jungen und ein Mädchen.*

ni siquiera — *nicht einmal*
Ni siquiera sé cómo se llama. — *Ich weiß nicht einmal, wie er heißt.*

nivel — *Niveau; Ebene*
El nivel de vida no ha subido. — *Der Lebensstandard ist nicht gestiegen.*
a nivel internacional — *auf internationaler Ebene*

no — *nein; nicht*
No, no fumo, gracias. — *Nein, ich rauche nicht. Danke.*
Bueno, entonces quedamos en eso, ¿no? — *Gut, dann verbleiben wir so, oder?*
○ Cobran dos millones, que eso no es mucho. △ No, no, no está mal. — *○ Es kostet zwei Millionen, das ist ja nicht viel. △ Nein, nein, das ist gar nicht schlecht.*

noche — *Abend; Nacht*
Buenas noches. — *Guten Abend!; Gute Nacht!*
una habitación para dos noches — *ein Zimmer für zwei Nächte*
por la noche — *in der Nacht / am Abend*

anoche — *gestern Abend / Nacht*
Anoche dieron la noticia por la radio. — *Gestern Abend / Nacht kam die Nachricht im Radio.*

Noche Vieja — *Silvesterabend*
En Noche Vieja tomamos las doce uvas. — *Am Silvesterabend ist es Brauch, zwölf Trauben zu essen.*

medianoche — *Mitternacht*
Saldremos a medianoche. — *Wir fahren um Mitternacht ab.*

nombre
¿Cuál es su nombre, por favor?
Escriba su nombre y su apellido.

Name; Vorname
Wie ist Ihr Name, bitte?
Schreiben Sie bitte Ihren Vornamen und Ihren Nachnamen auf.

nombrar
Le han nombrado gerente de la empresa.

nennen; zeigen; angeben; ernennen
Sie haben ihn zum Chef der Firma ernannt.

norma
Hay normas de comportamiento.

Norm, Regel
Es gibt Verhaltensregeln.

normal
Es normal que quiera ganar más.

normal
Es ist normal, dass er mehr verdienen möchte.

normalidad
La situación vuelve a la normalidad.

Normalität
Die Lage kehrt wieder zur Normalität zurück.

norte
El norte de España es frío.

Norden
Der Norden Spaniens ist kalt.

notar
Pues yo no había notado nada.
¿Notas la diferencia?

bemerken, sehen
Also, ich hatte nichts (davon) bemerkt.
Siehst du den Unterschied?

nota
¿Me prestas tus notas hasta mañana?
Tome Vd. nota, por favor.
Le han dado buenas notas.

Aufzeichnung, Notiz; Note
Leihst du mir bis morgen deine Notizen?
Schreiben Sie es bitte auf.
Man hat ihm gute Noten gegeben.

noticia
A las diez dan las noticias por la televisión.
No tenemos noticia de su llegada.

Nachricht; Kenntnis
Um zehn kommen die Nachrichten im Fernsehen.
Wir wissen nichts von seiner Ankunft.

novela
una novela de 600 páginas

Roman
ein 600 Seiten langer Roman

novio, novia
Hace muchos años que son novios.

Verlobter; Verlobte; Freund, Freundin
Sie sind seit vielen Jahren verlobt.

nube
un cielo lleno de nubes

Wolke
ein Himmel voller Wolken

nuclear
la energía nuclear

nuklear; Kern-
die Kernenergie

nuevo
un disco nuevo

neu
eine neue Schallplatte

de nuevo
Jaime ha telefoneado de nuevo.

von neuem; wieder
Jaime hat wieder angerufen.

número
¿Qué número de teléfono tiene Vd.?
Calle de Goya, número cinco.

Nummer
Wie ist Ihre Telefonnummer?
Calle Goya, (Haus-)Nummer 5.

numeroso
He recibido numerosas cartas.
una familia numerosa

zahlreich
Ich habe zahlreiche Briefe bekommen.
eine große Familie

nunca
No escribe nunca.

nie, niemals
Er schreibt nie.

O

o / u
hoy o mañana
Siete u ocho, no lo sé.

oder
heute oder morgen
Sieben oder acht, ich weiß es nicht.

objeto
El objeto de mi carta es el siguiente: ...
Tiene objetos de gran valor.
No tiene objeto discutir con él.

Betreff; Objekt; Gegenstand, Zweck
Der Zweck meines Briefes ist folgender: ...
Er besitzt Gegenstände von großem Wert.
Es hat keinen Zweck, mit ihm zu
    diskutieren.

objetor de conciencia
Cada vez hay más objetores (de
    conciencia).

Wehrdienstverweigerer
Es gibt immer mehr
    Wehrdienstverweigerer.

obligar
Estoy obligado a hacerlo.

zwingen
Ich bin gezwungen, es zu tun.

obligatorio
servicio militar obligatorio

obligatorisch; Pflicht-
Wehrpflicht

obra
una obra de teatro
La carretera está en obras.

Werk; Bau
ein Theaterstück
Die Landstraße ist im Bau.

obrero
Soy obrero.
huelga de obreros

Arbeiter
Ich bin Arbeiter.
Arbeiterstreik

observar
Observa qué interesante es este detalle.

Es necesario observar las indicaciones.

beobachten; befolgen
Beobachte mal, wie interessant dieses
    Detail ist.
Es ist erforderlich, die Anweisungen zu
    befolgen.

obtener
Ha obtenido muchas ventajas.

erhalten; erlangen
Er hat viele Vorteile erlangt.

ocasión
artículos de ocasión
¡Aprovecha la ocasión, hombre!

Gelegenheit
Waren im Sonderangebot
Nutze die Gelegenheit!

occidental
los países occidentales

westlich
die westlichen Länder; der Westen

ocupar
Han ocupado todo el país.
¿Quién ocupa ese puesto?

besetzen; belegen
Sie haben das ganze Land besetzt.
Wer hat diesen Platz belegt?

ocuparse
¿Quién se ocupa de eso?

sich beschäftigen
Wer beschäftigt sich hiermit?

ocurrir
¡Son cosas que ocurren!

vorkommen
Das kommt vor!

ocurrírsele
¿No se te ocurre otra idea?

in den Sinn kommen
Kommt dir keine andere Idee in den Sinn?

odiar
Odio este color.

hassen
Ich hasse diese Farbe.

odio
¡Qué odio hay en sus palabras!

Hass
Was für ein Hass aus seinen Worten
    spricht!

oeste
Al oeste está Portugal.

Westen
Im Westen liegt Portugal.

oficial
Mi hermano es oficial de Marina.

1. (Subst.) Offizier; 2. (Adj.) offiziell
Mein Bruder ist Marineoffizier.

oficina
La oficina está cerrada.

Büro
Das Büro ist geschlossen.

oficina de turismo
Preguntemos en la Oficina de
Turismo.

Fremdenverkehrsamt
Lasst uns beim Fremdenverkehrsamt
    nachfragen!

ofrecer
Me ofrecen poco por el coche viejo.
Se ha ofrecido a ayudarnos.

bieten; anbieten
Für das alte Auto bieten sie mir wenig.
Er hat sich angeboten, uns zu helfen.

oferta
Tengo una oferta para ir a trabajar
al extranjero.
Esta semana el café está de oferta.

Angebot
Ich habe ein Arbeitsangebot im Ausland.

Diese Woche ist der Kaffee im Angebot.

oír
oír la radio
Oiga, Vd., por favor.

hören
Radio hören
Hören Sie, bitte!

oído
Me duele el oído derecho.

Ohr
Mir tut das rechte Ohr weh.

ojalá
¡Ojalá sea como tú dices!

hoffentlich
Hoffentlich ist es, wie du sagst!

ojo
Tiene los ojos grises.
¡Ojo a los coches!

Auge; (Ausruf) Vorsicht!
Er hat graue Augen.
Vorsicht, mit den Autos!

oler
Estas rosas huelen de maravilla.
Este asunto me huele mal.

riechen; duften
Diese Rosen duften wunderbar.
An dieser Angelegenheit ist etwas faul.

olor
Me gusta el olor a pescado.

Geruch
Ich mag den Fischgeruch.

olvidar
He olvidado su nombre.

vergessen
Ich habe Ihren Namen vergessen.

olvidarse de
Me he olvidado de felicitarle.

vergessen; sich nicht erinnern
Ich habe vergessen Ihnen zu gratulieren.

operar
Ayer operaron a mi madre.

operieren
Gestern wurde meine Mutter operiert.

operación
una operación comercial
una operación grave

Operation
eine geschäftliche Operation
eine schwere Operation

opinar
Aquí todos podemos opinar.

meinen; glauben
Hier dürfen wir alle unsere Meinung ausdrücken.

opinión
¿Cuál es su opinión?

Meinung
Wie ist Ihre Meinung?

oportunidad
Una oportunidad así, hay que aprovecharla.

Gelegenheit
Eine derartige Gelegenheit muss man ausnutzen.

oposición
los partidos de la oposición

Opposition
die Oppositionsparteien

opuesto
el caso opuesto
en dirección opuesta

entgegengesetzt
der entgegengesetzte Fall
in entgegengesetzter Richtung

optimismo
¡Qué optimismo tienes, hombre!

Optimismus
Du bist aber ein Optimist!

optimista
Es optimista por principio.

Optimist
Er ist aus Prinzip Optimist.

ordenar
Carmen está ordenando sus armarios.
¿Lo ha ordenado el jefe?

ordnen, aufräumen; bestellen; anordnen
Carmen räumt ihre Schränke auf.
Hat das der Chef angeordnet?

orden (m./f.)

Quiere poner orden en sus papeles.

Vamos por orden. A ver, ¿qué pasó primero?
Tengo la orden de no dejar pasar a nadie.

1. (m.) Ordnung; Reihenfolge;
2. (f.) Befehl
Er möchte Ordnung in seine Unterlagen bringen.
Gehen wir der Reihe nach! Also, was geschah als erstes?
Ich habe Befehl, niemanden durchzulassen.

ordenador
Mi ordenador no tiene tarjeta de sonido.

Computer
Mein Computer hat keine Soundkarte.

organización
una mala organización

Organisation
eine schlechte Organisation

organizar
Le gusta organizarlo todo.

organisieren
Es gefällt ihm, alles zu organisieren.

organizador
El gerente es un excelente organizador.

Organisator; Veranstalter
Der Manager ist ein hervorragender Organisator.

orgullo
El orgullo es su mayor defecto.

Stolz; Hochmut
Stolz ist sein größter Fehler.

orgulloso
Tiene un carácter orgulloso.

stolz; hochmütig
Er hat einen hochmütigen Charakter.

orientar
Los padres orientan a los hijos.

orientieren; beraten
Die Eltern beraten ihre Kinder.

orientarse
No me oriento bien en las ciudades grandes.

sich orientieren; sich zurechtfinden
In großen Städten finde ich mich nicht gut zurecht.

orientación
Perdió la orientación.
Los pájaros tienen un gran sentido de la orientación.

Orientierung
Er hat die Orientierung verloren.
Vögel haben einen sehr guten Orientierungssinn.

origen
el origen de la enfermedad
Es de origen español.

Herkunft; Ursache
die Krankheitsursache
Er ist spanischer Herkunft.

original
una persona muy original

original; originell
eine sehr originelle Person

oriental
la parte oriental del país

östlich
der östliche Teil des Landes

oro
un reloj de oro

Gold
eine Golduhr

oscuro
gris oscuro

dunkel
dunkelgrau

oscuridad
Cuando se pone el sol, la oscuridad
llega rápidamente.

Dunkelheit
Nach Sonnenuntergang bricht schnell die
Dunkelheit herein.

o sea
O sea, que estás de acuerdo.
Varios millones, o sea, una suma
enorme.

das heißt
Das heißt, du bist einverstanden.
Etliche Millionen, das heißt, eine
Riesensumme.

otoño
En otoño empieza el colegio.

Herbst
Im Herbst beginnt die Schule.

otro
Aquí viene otro autobús.
Este me gusta más que el otro.

Otro café, por favor.

ein anderer; noch ein
Hier kommt ein anderer Bus.
Dieser hier gefällt mir besser als der
andere.
Noch einen Kaffee, bitte.

otra vez
¿Puede decirlo otra vez?

noch einmal
Könnten Sie das noch einmal sagen?

P

paciencia
¡Ten paciencia!

Geduld
Hab Geduld!

padre
el padre de familia

Vater
der Familienvater

paella
La paella es para dos personas.

Paella
Die Paella ist für zwei Personen.

pagar
Voy a pagar la cuenta.

zahlen; bezahlen
Ich zahle die Rechnung.

pago
El banco se ocupa del pago.

Auszahlung, Zahlung
Die Bank übernimmt die Auszahlung.

página
en la página 16

Seite
auf Seite 16

país
Es un país muy bonito.

Land
Es ist ein sehr schönes Land.

paisaje
un paisaje verde

Landschaft
eine grüne Landschaft

pájaro
¿No oyes los pájaros, cómo están cantando?

Vogel
Hörst du nicht, wie die Vögel singen?

palabra
No entiendo bien esta palabra.

Wort
Dieses Wort verstehe ich nicht ganz.

palacio
un palacio del siglo dieciocho

Palast
ein Palast aus dem achtzehnten Jahrhundert

pan
Voy a comprar pan.

Brot
Ich gehe Brot kaufen.

panecillo
unos panecillos recién hechos

Brötchen
frisch gebackene Brötchen

pantalón
El pantalón es azul.

Hose
Die Hose ist blau.

pañuelo
los pañuelos blancos

Halstuch; Tuch
die weißen Tücher

papel
Este papel es malísimo.

Papier
Dieses Papier ist sehr schlecht.

paquete
Voy a llevar el paquete al correos.

Paket
Ich bringe das Paket zur Post.

par
un par de medias
un par de días

Paar; paar
ein Paar Strümpfe
ein paar Tage

pareja
En el restaurante había muchas
    parejas cenando.
Ahí viene la pareja de la Guardia
    Civil.
una joven pareja
tener pareja

Paar
Im Restaurant saßen viele Paare beim
    Essen.
Da kommen zwei Polizisten.

ein junges Paar
liiert sein

para
Tengo un regalo para ti.
Esta carta es para felicitar a Carmen.

Por favor, ¿para ir a Guadalajara?

für; nach; um zu
Ich habe ein Geschenk für dich.
Dieser Brief ist, um Carmen zu
    gratulieren.
Wie kommt man nach Guadalajara,
    bitte?

para que
Te lo digo para que lo sepas ya.

damit
Ich sage es dir, damit du es von
    vornherein weißt.

paraguas
Coge el paraguas, que va a llover.

Regenschirm
Nimm den Regenschirm mit, es wird
    regnen.

¿para qué?
¿Para qué quiere eso?

wozu?; zu welchem Zweck?
Wozu will er das?

parar
El autobús no para aquí.
Pare Vd. aquí.

halten; stehen bleiben
Der Bus hält nicht hier.
Bleiben Sie hier stehen!

parada
la parada del autobús

Haltestelle
die Bushaltestelle

parcial
Yo trabajo a tiempo parcial.

teilweise; Teil-
Ich bin arbeite Teilzeit.

parecer

El niño parece bastante inteligente.

Me parece muy bien.
¿Qué le parece si damos un paseo?

Podríamos vernos mañana, ¿no os
    parece?

scheinen; etwas ... finden; von etwas
    halten
Der Junge scheint ziemlich intelligent zu
    sein.
Das finde ich sehr gut.
Was halten Sie davon, etwas spazieren
    zu gehen?
Wir könnten uns morgen sehen, oder was
    haltet ihr davon?

a mi parecer
A mi parecer, esto no tiene sentido.

meines Erachtens
Meines Erachtens hat das keinen Sinn.

parecerse
El niño se parece a su madre.

ähneln, ähnlich sein
Der Junge sieht seiner Mutter ähnlich.

parecido
El país es muy parecido en toda la
    costa.
Los dos coches son muy parecidos.

ähnlich
Die Landschaft an der gesamten Küste
    ähnelt sich sehr.
Die beiden Autos sind ähnlich.

pared
un reloj de pared

Wand
eine Wanduhr

pareja → **par**

Paar

pariente
unos parientes lejanos

Verwandter
entfernte Verwandte

parlamento
El parlamento discutirá el proyecto de
    ley.

Parlament
Das Parlament wird den Gesetzentwurf
    besprechen.

paro
Los obreros están en paro.

Streik; Arbeitslosigkeit
Die Arbeiter streiken.

parque
El parque cierra en invierno.

Park
Der Park schließt im Winter.

parte
Una parte de la película es buena.
En todas partes están los hoteles llenos.
No encuentro ese libro en ninguna
    parte.

Teil
Ein Teil des Films ist gut.
Überall sind die Hotels voll.
Ich finde dieses Buch nirgends.

de parte de
Recuerdos de parte de Isabel.

von; von Seiten
Viele Grüße von Isabel.

en parte
En parte tienes razón.

zum Teil
Zum Teil hast du Recht.

en / por todas partes
Le conocen en todas partes.
Ha viajado por todas partes.

überall
Man kennt ihn überall.
Er ist überall herumgereist.

por una parte
Por una parte, me gustó el piso,
    pero ...

einerseits
Einerseits hat mir die Wohnung gefallen,
    jedoch ...

por otra parte
Por otra parte, es demasiado caro.

andrerseits
Andererseits ist sie zu teuer.

particular

¿Qué tiene de particular?
Es su coche particular.
una clase particular

1. (Subst.) Besonderes; 2. (Adj.)
   persönlich; Privat-
Was ist daran Besonderes?
Es ist sein Privatwagen.
eine Privatstunde

partido
Es un nuevo partido político.

Partei
Es ist eine neue politische Partei.

pasado

en el pasado
El mes pasado nos fuimos a Santander.

1. (Subst.) Vergangenheit; 2. (Adj.)
   vergangen
in der Vergangenheit
Im vergangenen Monat sind wir nach
   Santander gefahren.

pasado mañana
Pasado mañana es el examen.

übermorgen
Übermorgen ist die Prüfung.

pasaje
Ya tengo el pasaje para el barco del
   domingo.
Hay un pasaje comercial en la Gran Vía.

Fahrkarte; Passage
Ich habe schon die Fahrkarte für das
   Schiff am Sonntag.
In der Gran Via gibt es eine
   Einkaufspassage.

pasajero, pasajera
Los pasajeros saldrán por aquella
   puerta.

Fahrgast
Die Fahrgäste werden aus dieser Tür dort
   aussteigen.

pasaporte
Aquí tiene Vd. mi pasaporte.

(Reise)Pass
Hier haben Sie meinen Pass.

pasar
Pase Vd.
Pasa lo siguiente: ...
¿Quiere pasar por mi casa esta tarde?

¿Qué le pasa? ¿Se encuentra mal?

¿Ya ha pasado el examen?
El avión pasa por Madrid.
un huevo pasado por agua

überschreiten; vorbeigehen; passieren
Herein!
Es passiert Folgendes: ...
Möchten Sie heute Abend bei mir zu
   Hause vorbeikommen?
Was ist los (mit Ihnen)? Fühlen Sie sich
   schlecht?
Haben Sie die Prüfung schon bestanden?
Das Flugzeug geht über Madrid.
ein gekochtes Ei

paseo
Los niños están de paseo.
Vamos a dar un paseo.

Spaziergang; Ausflug
Die Kinder machen einen Spaziergang.
Lasst uns einen Spaziergang machen!

Paseo
el Paseo de la Castellana

Promenade
die Promenade la Castellana

pasillo
Tome este pasillo hasta el final.

Flur
Gehen Sie diesen Flur bis ans Ende
   entlang.

paso
Déjale el paso libre.
dar un paso
un paso de peatones

Durchgang; Übergang
Lass ihm freien Durchgang!
einen Schritt tun
ein Fußgängerübergang

Pascuas
¡Felices Pascuas y Año Nuevo!

Ostern; (auch: Weihnachtszeit)
Frohe Weihnachtsfeiertage und ein Gutes
Neues Jahr!

pasta
¿Te sirvo unas pastas?
La pasta italiana es única.

Nudeln, Pasta; Gebäck, Plätzchen
Möchtest du ein paar Plätzchen?
Italienische Pasta ist einmalig.

pastel
un pastel de chocolate

Kuchen
ein Schokoladenkuchen

patata
un pollo con patatas fritas

Kartoffel
ein Hühnchen mit Bratkartoffeln

patio
un patio andaluz

Innenhof
ein andalusischer Innenhof

patrono
El patrono y los obreros no están
todavía de acuerdo.

Arbeitgeber
Der Arbeitgeber und die Arbeiter haben
sich noch nicht geeinigt.

paz
Déjame en paz, por favor.

Frieden
Lass mich in Frieden, bitte!

pacífico
Ana es una persona muy pacífica.

friedlich
Ana ist eine friedliche Person.

peatón
un paso de peatones

Fußgänger
ein Fußgängerübergang

pedazo
un pedazo de pan

Stück
ein Stück Brot

pedir
Los obreros piden más dinero.
Le quiero pedir perdón.
Le pido un favor.
No le he pedido nada.

verlangen; um etwas bitten
Die Arbeiter verlangen mehr Geld.
Ich möchte Sie um Entschuldigung bitten.
Ich bitte Sie um einen Gefallen.
Ich habe von ihm nichts verlangt.

pegar
Ya hemos pegado todos los carteles.
Le han pegado con la mano.

ankleben; schlagen
Wir haben schon alle Plakate angeklebt.
Sie haben ihm eine Ohrfeige gegeben.

peinar
Esta peluquera peina muy bien.

kämmen; frisieren
Diese Friseuse frisiert sehr gut.

peinarse
¿Por qué no te peinas para atrás?

sich kämmen
Warum kämmst du dir die Haare nicht
nach hinten?

peinado
Ese peinado te va muy bien.

Frisur
Diese Frisur steht dir sehr gut.

película
una película en blanco y negro

Film
ein Schwarzweißfilm

peligro
Evita el peligro, si es posible.

Gefahr
Wenn möglich, vermeide die Gefahr!

peligroso
Es peligroso bajar por este lado del
tren.

gefährlich
*Es ist gefährlich, auf dieser Seite des
Zuges auszusteigen.*

pelo
tener el pelo rubio

Haar
blondes Haar haben

peluquero/a
un peluquero de señoras

Friseur, Friseuse
ein Damenfriseur

pelota
una pelota de fútbol

Ball
ein Fußballspiel

pena
¡Qué pena, ya es demasiado tarde!
Vale la pena.

Leid, Kummer; Mühe
Wie schade, es ist schon zu spät!
Es lohnt sich.

península
la península de Yucatán

Halbinsel
die Halbinsel Yucatán

pensar
¿Qué piensa Vd. de todo esto?
¡Tengo que pensar en ello!

denken; meinen; nachdenken
Was meinen Sie zu alledem?
Ich muss darüber nachdenken.

pensión
Pensión Pepita, habitaciones libres.
pensión completa, 70 euros

Pension
Pension Pepita, Zimmer frei.
Vollpension, 70 Euro

peor
Canta cada vez peor.
Este vino es peor que el anterior.

schlechter; schlimmer
Er singt jedes Mal schlechter.
*Dieser Wein ist schlechter als der
vorherige.*

pequeño
¡Qué cuarto tan pequeño!

klein
Was für ein kleines Zimmer!

perder
He perdido el dinero.
Vamos a perder el avión.

verlieren; verpassen
Ich habe das Geld verloren.
Wir werden noch den Flug verpassen.

pérdida
La muerte de mi hijo fue una grave
pérdida.

Verlust
*Der Tod meines Sohnes war ein
schlimmer Verlust.*

perdón
Perdón, ¿me podría ayudar?

Verzeihung
Verzeihung. Könnten Sie mir helfen?

perdonar
Perdone Vd. que llegue tarde.

verzeihen
Verzeihen Sie, dass ich zu spät komme.

perfecto
Nadie es perfecto.
¡Perfecto!

perfekt, vollkommen; ausgezeichnet
Niemand ist vollkommen.
Ausgezeichnet!

perfectamente
¡Habla Vd. perfectamente español!

ausgezeichnet
Sie sprechen ausgezeichnet Spanisch!

perfección
Ella habla español a la perfección.

Vollkommenheit
Sie spricht vollkommen fehlerlos Spanisch.

periódico
leer el periódico

Zeitung
die Zeitung lesen

periodista (m. / f.)
Es un periodista que hace entrevistas
    interesantes.

Journalist/in
Er ist ein Journalist, der interessante
    Interviews führt.

perjudicar
Fumar perjudica seriamente la salud.

gefährden
Rauchen gefährdet die Gesundheit (sehr).

permitir
¿Me permite Vd. una pregunta?
Le han permitido que salga.
No puede permitirse el lujo de hacerlo.

erlauben
Erlauben Sie mir eine Frage?
Sie haben ihm erlaubt auszugehen.
Er kann sich nicht den Luxus erlauben es
    zu tun.

permiso
Señores, con su permiso.
No pidió permiso a nadie.

Erlaubnis
Mit Ihrer Erlaubnis, meine Herren ...
Er hat niemanden um Erlaubnis gefragt.

permiso de conducir
¿Ya te han dado el permiso de
    conducir?

Führerschein
Hast du schon den Führerschein
    gemacht?

permiso de residencia
No tengo todavía el permiso de
    residencia.

Aufenthaltserlaubnis
Ich habe noch keine Aufenthaltserlaubnis.

permiso de trabajo
¡Por fin me han concedido el
    permiso de trabajo!

Arbeitserlaubnis
Endlich hat man mir die Arbeitserlaubnis
    erteilt.

pero
Es caro, pero bueno.
Pero es que a mi novia ... es que es
    muy especial.

aber
Es ist teuer, aber gut.
Aber meine Freundin ... nun, sie ist etwas
    ganz Besonderes.

perro
El perro está fuera.

Hund
Der Hund ist draußen.

persecución
la persecución de los criminales
la persecución política

Verfolgung
die Verfolgung der Kriminellen
die politische Verfolgung

persona
Una mesa para seis personas, por favor.

Person
Ein Tisch für sechs Personen, bitte!

personal
Es un asunto personal.
El personal se ha ido a comer.
el departamento de personal

1. (Adj.) persönlich; 2. (Subst.) Personal
Das ist eine persönliche Angelegenheit.
Das Personal ist essen gegangen.
die Personalabteilung

personalidad
Tiene mucha personalidad.

Personalität, Persönlichkeit
Er ist eine starke Persönlichkeit.

pertenecer
Pertenece al grupo liberal.
¿A quién pertenece este libro?

gehören
Er gehört zur liberalen Gruppe.
Wem gehört dieses Buch?

pesar
Vamos a pesar los paquetes.
Este paquete pesa demasiado.

1. (V. tr.) wiegen 2. (Subst.) Bedauern
Lasst uns die Pakete wiegen.
Dieses Paket wiegt zu viel.

a pesar de
A pesar de su mal carácter, la gente
le aprecia.

trotz
Trotz seines schlechten Charakters
schätzen ihn die Leute.

peso
El peso de la maleta es de 12 kilos.

Gewicht
Das Gewicht des Koffers beträgt 12 Kilo.

pesado
un bolso muy pesado
No seas pesado.

schwer; lästig
eine sehr schwere Tasche
Geh mir nicht auf die Nerven!

pesca
La pesca de hoy ha sido abundante.

Fischfang
Der heutige Fischfang war reichlich.

pescado
¡Qué malo está este pescado!

Fisch
Wie schlecht dieser Fisch ist!

pescador
El pescador acaba de subir al barco.

Fischer
Der Fischer ist gerade an Bord gegangen.

peseta
El cuadro que compramos en Madrid
en 1998 nos costó 2 millones de
pesetas.

Peseta
Das Bild, das wir 1998 in Madrid kauften,
kostete uns 2 Millionen Peseten.

pesimismo
No me gusta tu pesimismo.

Pessimismus
Dein Pessimismus gefällt mir nicht.

pesimista
No tiene motivo para ser pesimista.

Pessimist
Er hat keinen Grund, Pessimist zu sein.

picante
¡Qué picante está la comida!

scharf
Wie scharf das Essen ist!

pie
Me duele el pie derecho.
Vamos a pie.

Fuß
Mir tut der rechte Fuß weh.
Wir gehen zu Fuß.

de pie
Ponte de pie.

im Stehen
Steh auf!

piedra
una piedra preciosa
duro como una piedra
dormir como una piedra

Stein
ein Schmuckstein
hart wie Stein
schlafen wie ein Stein

piel
un bolso de piel
un abrigo de pieles
Teresa tiene una piel muy morena.

Haut; Leder; Pelz
eine Ledertasche
ein Pelzmantel
Teresas Haut ist sehr dunkel.

pierna
una pierna de cordero
Tiene piernas largas.

Bein
eine Lammkeule
Er hat lange Beine.

pieza
Aquí falta una pieza.

Stück; Zimmer
Hier fehlt ein Stück.

píldora
píldoras para dormir
tomar la píldora

Pille
Schlafpillen
die Pille nehmen

pimienta
Falta echarle sal y pimienta.

Pfeffer
Es fehlen noch Salz und Pfeffer.

pintar
¿Cuándo vais a pintar la casa?
Ella no se pinta los labios.

anstreichen; malen
Wann streicht ihr das Haus an?
Sie schminkt sich den Mund nicht.

pintor
un pintor del siglo pasado

Maler
ein Maler aus dem vergangenen
*   Jahrhundert*

piscina
La piscina está ahora vacía.

Schwimmbad
Das Schwimmbad ist jetzt leer.

piso
comprar o alquilar un piso

Wohnung
eine Wohnung kaufen oder mieten

pisar
Por favor, no pisen el cesped.

auf etwas treten
Bitte tretet nicht auf den Rasen!

placer
Ha sido un placer para mí.

Freude
Es war mir eine Freude.

plan
Su plan me parece fantástico.
Le dije que presentara un plan.

Plan; Entwurf
Ihr Plan scheint mir fabelhaft.
Ich sagte ihm, er solle einen Entwurf
vorlegen.

planear
Todavía no he planeado nada para
las vacaciones.

planen
Ich habe noch nichts für die Ferien
geplant.

en plan de
Está en plan de broma.
Está en plan de molestar.

als; aufgelegt (zu einer Sache)
Das ist als Witz gemeint.
Er hat vor zu stören.

plancha
La plancha está estropeada.
Por favor, una ración de gambas a la
plancha.

Bügeleisen; Grill
Das Bügeleisen ist kaputt.
Eine Portion gegrillte Garnelen, bitte.

planchar
Esta camisa no hace falta plancharla.

bügeln
Dieses Hemd braucht nicht gebügelt zu
werden.

planta
La planta necesita más agua.
la planta baja

Pflanze; Stockwerk
Die Pflanze braucht mehr Wasser.
das Erdgeschoss

plástico
La bolsa es de plástico.

Plastik
Die Tragetasche ist aus Plastik.

plata
una cucharilla de plata

Silber
ein Teelöffel aus Silber

plátano
Hay plátanos de diferentes clases.

Banane
Es gibt verschiedene Sorten von Bananen.

plato
El plato se ha roto.
El menú es de tres platos.

Teller; Gericht; Gang
Der Teller ist zerbrochen.
Das Menü hat drei Gänge.

playa
La playa está a dos kilómetros.

Strand
Der Strand liegt zwei Kilometer von hier.

plaza
La iglesia está en la plaza.

Platz
Die Kirche befindet sich am Platz.

plazo
Le doy plazo hasta el 15 del mes.

Lo compré a plazos.

Frist
Ich gebe ihm eine Frist bis zum 15. des
Monats.
Ich habe es auf Raten gekauft.

pleno
en pleno verano
No se llegó al pleno empleo.

El pleno del congreso aprobó la ley.

1. (Adj.) voll; 2. (Subst.) Vollversammlung
mitten im Sommer
Die Vollbeschäftigung wurde nicht
erreicht.
Die Vollversammlung hat das Gesetz
verabschiedet.

plomo
gasolina sin plomo

Blei
bleifreies Benzin

población → **pueblo**
la población del país

Bevölkerung
die Landesbevölkerung

pobre
Es un país pobre.
¡Pobre chico!

arm
Es ist ein armes Land.
Armer Junge!

pobrecito
¡Pobrecito!, ¡qué cosas te pasan!

Ärmster
Was dir alles passiert, du Ärmster!

pobreza
La pobreza está aumentando en los
países más desarrollados.

Armut
In den Industriestaaten nimmt die Armut
zu.

poco
Esta maleta pesa un poco menos que la
otra.
Juan gana poco.
Tengo poco tiempo.

wenig
Dieser Koffer ist ein wenig leichter als der
andere.
Juan verdient wenig.
Ich habe wenig Zeit.

poder

¿Puedo hablar con Vd. un momento?

Mañana no puedo.
Puede ser.
el poder de la industria

1. (V. tr.) können, dürfen; 2. (Subst.)
Macht
Kann ich einen Moment mit Ihnen
sprechen?
Morgen kann ich nicht.
Das kann sein.
die Macht der Industrie

policía (m./f.)
La policía vendrá enseguida.
Explíquele al policía lo que pasó.

1. (f.) Polizei; 2. (m.) Polizist
Die Polizei wird sofort kommen.
Erklären Sie dem Polizisten, was passiert
ist!

política
la política que sigue un partido

Politik
die Politik einer Partei

político
un programa político
Esto es asunto de los políticos.

1. (Adj.) politisch; 2. (Subst.) Politiker
ein politisches Programm
Das ist eine Angelegenheit der Politiker.

pollo
un pollo asado

Huhn; Hähnchen
ein gegrilltes Hähnchen

poner
poner los regalos sobre la mesa
Voy a poner la mesa enseguida.

setzen; stellen; legen
die Geschenke auf den Tisch legen
Ich decke gleich den Tisch.

ponerse
ponerse la chaqueta
ponerse al teléfono

anziehen
eine Jacke anziehen
ans Telefon gehen

ponerse a + Inf.
ponerse a trabajar

anfangen zu
anfangen zu arbeiten

ponerse + Adj./Adv.
¿Por qué te pones triste?
¿Se ha puesto mal?

werden
Warum wirst du traurig?
Ist Ihnen schlecht?

popular
una canción popular

beliebt; populär; Volks-
ein Volkslied

por
¿Hay por aquí una oficina de correos?
El autobús pasa por aquí.
Cerrado por las tardes.
cambiar dolares por euros
Por esto no puedo ir.
Le llamo por teléfono.

durch; für; am; gegen; wegen
Gibt es hier in der Nähe ein Postamt?
Der Bus fährt hier vorbei.
Am Nachmittag geschlossen.
Dollar gegen Euro tauschen
Deswegen kann ich nicht hingehen.
Ich rufe ihn an.

por casualidad
¿Sabe Vd., por casualidad, si vive
   aquí el doctor López?

zufällig; durch Zufall
Wissen Sie zufällig, ob hier der Doktor
   Lopez wohnt?

por ciento
el 5 por ciento de la población

Prozent
5 Prozent der Bevölkerung

por cierto
Por cierto, tengo una buena noticia.

übrigens
Übrigens habe ich eine gute Nachricht.

por ejemplo
Podemos ir a Toledo, por ejemplo.

zum Beispiel
Wir können zum Beispiel nach Toledo
   fahren.

por favor

bitte

¿por qué?
¿Por qué llegas tan tarde?

warum?
Warum kommst du so spät?

porque
Me quedo, porque tengo mucho
   trabajo.

weil
Ich bleibe, weil ich noch viel zu tun habe.

por si acaso
Por si acaso, yo le llamaría.
Llévate el paraguas, por si acaso.

für alle Fälle
Für alle Fälle würde ich ihn anrufen.
Nimm für alle Fälle den Regenschirm mit.

por supuesto
Por supuesto que es mi novia.

selbstverständlich
Selbstverständlich ist sie meine Freundin.

por una parte
Por una parte, me gustó el piso, pero ...

einerseits
Einerseits hat mir die Wohnung gefallen, jedoch ...

portero → puerta

Portier

porcentaje
El porcentaje que se lleva es mínimo.

Anteil; Prozentsatz
Der Anteil, den er daran verdient, ist minimal.

portugués
El portugués se habla en varios países.

Portugiesisch
In mehreren Ländern wird Portugiesisch gesprochen.

poseer
Poseen una casa en la costa.

besitzen; haben
Sie haben ein Haus an der Küste.

en posesión de
Se creía en posesión de la verdad.

in Besitz
Er dachte die Wahrheit gepachtet zu haben.

posible
Es muy posible que venga.
¿Es posible esperar aquí?

möglich
Es ist sehr gut möglich, dass er kommt.
Wäre es möglich hier zu warten?

imposible
¡Es imposible, no puedo ir!

unmöglich
Es ist unmöglich. Ich kann nicht hingehen.

posibilidad
Hay una posibilidad.

Möglichkeit
Es gibt eine Möglichkeit.

posición
una posición favorable
Su familia está en buena posición.

Stellung; Lage
eine günstige Stellung
Seine Familie lebt in guten Verhältnissen.

positivo
Tu actitud me parece muy positiva.

positiv
Deine Einstellung scheint mir sehr positiv.

postre
De postre tenemos una fruta.

Nachtisch
Wir haben etwas Süßes als Nachtisch.

práctico
Es un libro muy práctico.

praktisch
Es ist ein sehr praktisches Buch.

práctica
No tengo mucha práctica.
En la práctica, no es lo mismo.

Praxis; Übung
Ich habe wenig Übung damit.
In der Praxis ist es nicht dasselbe.

practicar
practicar un deporte

ausüben; betreiben
Sport treiben

precio
¿Qué precio tiene esta lámpara?
Los precios suben.

Preis
Was hat diese Lampe für einen Preis?
Die Preise steigen.

precioso
¡Es precioso! Muchas gracias.

kostbar; hübsch
Es ist sehr hübsch. Vielen Dank.

precisamente
Precisamente iba a contestar tu carta.

Precisamente hoy no puedo.

genau; gerade
Gerade wollte ich auf deinen Brief
antworten.
Gerade heute kann ich nicht.

preferir
¿Lo prefiere en rojo o en azul?

bevorzugen; lieber möchten
Möchten Sie es lieber in Rot oder in Blau?

pregunta
¿Alguna pregunta más?
Tengo una pregunta.

Frage
Gibt es noch weitere Fragen?
Ich habe eine Frage.

preguntar
Me ha preguntado por Vd.
preguntar a un policía

fragen
Er hat mich nach Ihnen gefragt.
einen Polizisten fragen

prejuicio
No tiene prejuicios.

Vorurteil
Er hat keine Vorurteile.

premio
Le han dado el primer premio.

Preis
Sie haben ihm den ersten Preis gegeben.

prensa
La prensa de hoy trae la noticia.

Presse
Die Nachricht steht in der heutigen
Presse.

preocupar
Me preocupa el enfermo.

besorgt machen
Der Kranke macht mir Sorgen.

preocuparse
No se preocupe, no tiene
importancia.

sich kümmern; sich Sorgen machen
Machen Sie sich keine Sorgen, das ist
ganz unwichtig.

preocupación
Su mayor preocupación es encontrar
trabajo.

Sorge
Seine größte Sorge ist die, eine Arbeit zu
finden.

preparar
preparar la comida

bereiten; vorbereiten
das Essen bereiten

preparación
La preparación de este plato es
complicada.

Vorbereitung; Zubereitung
Die Zubereitung dieses Gerichts ist
kompliziert.

preparativos
Los preparativos para la fiesta han
comenzado ya.

Vorbereitungen
Die Vorbereitungen für das Fest haben
schon begonnen.

presentar
Quiero presentarle a mi mujer.

vorstellen; bekannt machen mit
Ich möchte Sie mit meiner Frau bekannt machen.

presentación
Hicieron una presentación de los nuevos libros.

Vorstellung
Heute gab es eine Vorstellung der neuen Bücher.

presente

el presente y el pasado
Ha estado siempre presente.

1. (Subst.) Präsens, Gegenwart; 2. (Adj.) anwesend
die Gegenwart und die Vergangenheit
Er war immer anwesend.

presidente
el presidente del gobierno

Präsident
der Regierungspräsident

preso/a

los presos políticos

1. (Subst.) Gefangene/r; 2. (Adj.) gefangen
die politischen Gefangenen

prestar
¿Me prestas el coche esta tarde?

leihen
Leihst du mir heute Nachmittag das Auto?

primavera
Haré un viaje en primavera.

Frühling
Im Frühling werde ich eine Reise machen.

primero/a

el primero de junio
en el primer piso
Primero comemos.

1. (Subst.) der/die/das erste;
2. (Adj.) erste/r 3. (Adv.) zuerst
am ersten Juni
im ersten Stock
Zuerst essen wir.

primitivo
una civilización primitiva

primitiv
eine primitive Kultur

principal
Lo principal es la salud.
Es la entrada principal.

hauptsächlich; Haupt-
Die Hauptsache ist die Gesundheit.
Das ist der Haupteingang.

principio
No lo escuché desde el principio.

Al principio no sabía nada.
En principio, tiene razón.

Anfang; Prinzip
Ich habe ihm nicht von Anfang an zugehört.
Am Anfang wusste ich überhaupt nichts.
Im Grunde hast du Recht.

a principios de
a principios de mayo

Anfang ...
Anfang Mai

prisa
No tengo prisa.
¡Hay que darse prisa!

Eile
Ich habe keine Eile.
Wir müssen uns beeilen!

de prisa
No hable tan de prisa, por favor.

schnell
Sprechen Sie nicht so schnell, bitte!

privado
Es mi vida privada.

privat; Privat-
Das ist mein Privatleben.

probable
Es muy probable que llueve mañana.

wahrscheinlich
Sehr wahrscheinlich regnet es morgen.

probar
Quiero probar esta bebida.

probieren; versuchen
Ich möchte dieses Getränk probieren.

probarse
probarse una chaqueta

anprobieren
eine Jacke anprobieren

prueba
Presenta las pruebas por escrito.
Ha sido una prueba muy difícil.
La prueba no es difícil.
¿Lo ponemos a prueba?

Probe; Nachweis; Prüfung
Bring den Nachweis schriftlich!
Es war eine schwierige Prüfung.
Die Prüfung ist nicht schwierig.
Stellen wir ihn auf die Probe?

problema
No es problema, le puedo ayudar.

Es un problema social.

Problem
*Das ist kein Problem. Ich kann Ihnen
 helfen.*
Es ist ein gesellschaftliches Problem.

problemático
Este asunto es muy problemático.

problematisch
*Diese Angelegenheit ist sehr
 problematisch.*

procedente de
el avión procedente de Madrid

herstammend, kommend
der Flug, der aus Madrid kommt

procurar
Procura hacerlo mejor.

versuchen; sich bemühen
Bemühe dich, es besser zu machen!

producir
El SEAT se produce en Cataluña.

herstellen; produzieren
*SEAT-Autos werden in Katalonien
 hergestellt.*

producirse
Se ha producido un incendio.

sich ereignen; vorkommen
Es hat sich ein Brand ereignet.

producción
la producción de tabaco

Produktion
die Tabakproduktion

producto
productos típicos de la zona

Produkt
typische Produkte der Region

profesión
Es periodista de profesión.

Beruf
Er ist Journalist von Beruf.

profesional
Es artista profesional.

professionell; Berufs-
Er ist ein professioneller Künstler.

profesor, profesora
Quisiera ser profesor de idiomas.

Lehrer/in; Professor/in
Ich wäre gern Sprachlehrer.

profundo
un río profundo
Estoy profundamente desilusionado.

tief
ein tiefer Fluss
Ich bin zutiefst enttäuscht.

profundidad
Hay que medir la profundidad del
agua.

Tiefe
Man muss die Wassertiefe messen.

programa
el programa del cine Doré

Programm
das Programm vom Kino Doré

programar
Vamos a programar los cursos.

programmieren, planen
*Wir stellen die Kursprogramme
zusammen.*

progresar
Están progresando con sus estudios.

fortschreiten; vorankommen
Sie kommen voran mit ihrem Studium.

progreso
Su progreso ha sido enorme.

Fortschritt
Seine Fortschritte sind enorm gewesen.

prohibir
Se prohibe fumar.
Prohibido aparcar.

verbieten
Es ist verboten zu rauchen.
Parken verboten.

prohibición
Hay que respetar las prohibiciones.

Verbot
Man muss Verbote einhalten.

prometer
Le prometo buscar una solución.

versprechen
*Ich verspreche Ihnen, eine Lösung zu
finden.*

promesa
Hizo la promesa de no fumar.

Versprechen
Er hat versprochen nicht zu rauchen.

pronto
Quiero llegar pronto.

bald
Ich möchte bald ankommen.

pronunciar
Pronuncia la "r" a la francesa.

aussprechen
Er spricht das „r" wie die Franzosen aus.

pronunciación
Tiene buena pronunciación en
español.

Aussprache
*Er hat eine gute Aussprache im
Spanischen.*

propaganda
Esta propaganda ya no la aguanto.

Propaganda; Werbung
Diese Werbung ertrage ich nicht mehr.

propio
su propia familia

eigen
seine eigene Familie

propiedad
La casa es de su propiedad.

Besitz
Das Haus gehört ihm.

propina
¿Cuánto se deja de propina?

Trinkgeld
Wie viel lässt man als Trinkgeld?

propósito
No es mi propósito.

Vorhaben
Es ist nicht mein Vorhaben.

a propósito
¿Lo habrá hecho a propósito?

mit Absicht
Ob er es mit Absicht getan hat?

proponer
Le propongo lo siguiente: ...

vorschlagen
Ich schlage Ihnen Folgendes vor: ...

propuesta
Aceptamos su propuesta.

Vorschlag; Angebot
Wir nehmen Ihr Angebot an.

prospecto
Envíeme unos prospectos.

Prospekt
Schicken Sie mir ein paar Prospekte.

proteger
protegerse contra la lluvia y el frío

beschützen
sich gegen Regen und Kälte schützen

protección
El hijo busca la protección de los
   padres.

Schutz
Der Sohn sucht den Schutz der Eltern.

protestar
Los empleados de la fábrica protestan.

protestieren
Die Fabrikangestellten protestieren.

protesta
Las autoridades no aceptaron su
   protesta.

Protest; Einspruch
Die Behörden haben seinen Einspruch
   nicht angenommen.

provincia
Yo nací en la capital de la provincia.

Provinz
Ich bin in der Provinzhauptstadt geboren.

provincial
las autoridades provinciales

provinziell; Provinz-
die Provinzbehörden

próximo
la próxima estación
el próximo sábado

nächste/r/s
die nächste Station
nächsten Samstag

proyecto
El proyecto de reforma ha sido
   aceptado.

Entwurf; Plan; Projekt
Der Umgestaltungsplan ist angenommen
   worden.

prueba → probar

Probe; Prüfung

publicar
Se han publicado varios libros de
   español.

publizieren, veröffentlichen
Es sind verschiedene Spanischbücher
   publiziert worden.

público

de interés público
El público estaba loco de alegría.

1. (Adj.) öffentlich, allgemein; 2. (Subst.)
   Publikum
von allgemeinem Interesse
Das Publikum war verrückt vor Freude.

publicación
una nueva publicación sobre el tema

Veröffentlichung
eine neue Veröffentlichung zum Thema

publicidad
Hay demasiada publicidad en la
   televisión.

Werbung, Reklame
Im Fernsehen gibt es zu viel Reklame.

pueblo
Es un pueblo sin importancia.

Dorf
Es ist ein Dorf ohne Bedeutung.

población
la población del país

Bevölkerung
die Landesbevölkerung

puente
Es un puente muy antiguo.

Brücke
Es ist eine sehr alte Brücke.

puerta
Esta es la puerta de entrada.
la Puerta de Alcalá

Tür; Tor
Dieses ist die Eingangstür.
das Tor von Alcalá

portero
El portero te abrirá la puerta.

Portier
Der Portier wird dir die Tür öffnen.

puerto
el puerto de Barcelona

Hafen
der Hafen von Barcelona

pues
Pues ¿qué le parece esto?
Pues ¡hasta luego!
Bueno, en ese caso ..., pues vale, yo iré.

¡Ah, mañana! Pues, nada, a las siete nos
   vemos, ¿vale?

da; denn; also, nun
Nun, wie finden Sie das hier?
Also, bis bald!
Gut, in diesem Fall ... Na dann werde ich
   wohl gehen.
Ah, morgen. Ja gut, dann sehen wir uns
   um sieben, einverstanden?

puesto
encontrar un puesto de trabajo

Stelle
eine Arbeitsstelle finden

puesto de socorro
¡Llévalo al puesto de socorro!

Unfallstation
Bring ihn zur Unfallstation!

puesto que
Puesto que se va, no hay más que
   hablar.

weil; da
Da er geht, haben wir nichts mehr zu
   besprechen.

punta
Sácale punta al lápiz.
Es la hora punta.

Spitze
Spitze den Bleistift!
Es ist die Hauptverkehrszeit.

punto
las cinco en punto
Este es el punto crítico.

Punkt
Es ist Punkt fünf Uhr.
Das ist der kritische Punkt.

  a punto de
  Estoy a punto de salir.

  gerade dabei
  Ich bin gerade dabei zu gehen.

Q

que

welcher, welche, welches; der, die, das

¿qué?
¿Qué toma Vd.?

was?; welcher?
Was trinken Sie?

  qué + Adj. / Adv.
  ¡Qué simpático es su hijo!
  ¡Qué bien! ¡Me alegro mucho!

  wie
  Wie nett Ihr Sohn ist!
  Wie schön! Ich freue mich sehr.

  qué + Subst.
  ¡Qué flores tan bonitas!

  welch; was für
  Was für schöne Blumen!

  qué tal
  ¿Qué tal está Vd.?

  wie geht es
  Wie geht es Ihnen?

quedar
Quedan cinco minutos todavía.

bleiben; verbleiben
Es bleiben noch fünf Minuten.

  quedar en
  Quedamos en encontrarnos delante
    del teatro.

  verbleiben, dass
  Wir sind verblieben, dass wir uns vor dem
    Theater treffen.

  quedarse
  Se queda cinco días en el hotel.

  bleiben; sich aufhalten
  Er bleibt fünf Tage in diesem Hotel.

  quedarse con
  Me gusta mucho y me quedo con
    ello.

  behalten
  Es gefällt mir gut, und ich behalte es.

quejarse
¿De qué se queja?

sich beschweren
Worüber beschweren Sie sich?

quemar
Quemó todos los periódicos.

verbrennen
Er hat alle Zeitungen verbrannt.

  quemarse
  Se quemó la mano.

  sich verbrennen
  Er hat sich die Hand verbrannt.

querer
¿Quiere bailar?
¡Le quiero mucho!
¿Quiere que le ayude a llevar sus
   maletas?

wollen; mögen; lieben
Möchten Sie tanzen?
Ich mag Sie sehr!
Möchten Sie, dass ich Ihnen helfe, die
   Koffer zu tragen?

  querido amigo
  (en cartas) Querido amigo:

Lieber Freund
(in Briefen) Lieber Freund, ...

queso
Tenemos un queso buenísimo.

Käse
Wir haben sehr guten Käse.

¿quién?
¿Quién es ese señor?

wer?
Wer ist dieser Herr?

quitar
Me han quitado el carnet de conducir.

entziehen, wegnehmen
Man hat mir den Führerschein entzogen.

  quitarse
  ¡Qué calor! Me voy a quitar la
    chaqueta.

ausziehen
Was für eine Hitze! Ich ziehe mir die Jacke
   aus.

quizás
Quizás nos vemos mañana.

vielleicht
Vielleicht sehen wir uns morgen.

R

radical
Tiene ideas radicales.
Ha cambiado de forma radical.

radikal
Er hat radikale Vorstellungen.
Er hat sich radikal verändert.

radio
oír la radio

Radio
Radio hören

rápido
un tren rápido
hablar rápido

(Adj. / Adv.) schnell
ein schneller Zug; Eilzug
schnell sprechen

  rapidez
  Lo hace todo con mucha rapidez.

Geschwindigkeit
Er macht alles mit großer
   Geschwindigkeit.

raro
¡Qué raro que no haya venido!

Es un tipo raro.

sonderbar; selten
Wie sonderbar, dass er nicht gekommen
   ist!
Er ist ein sonderbarer Typ.

rato
Llamará dentro de un rato.
Pasamos un rato muy agradable.

Moment; Weile
Er kann jeden Moment anrufen.
Wir haben eine sehr angenehme Weile
verbracht.

razón
Tiene Vd. razón.
Le doy la razón.
No lleva Vd. razón.
por esa razón

Recht; Grund
Sie haben Recht.
Ich gebe Ihnen Recht.
Sie haben Unrecht.
aus diesem Grund

razonable
Es un hombre razonable.

vernünftig
Er ist ein vernünftiger Mann.

reaccionar
¿Cómo reaccionarías tú?

reagieren
Wie würdest du reagieren?

reacción
¿Cuál fue su reacción?

Reaktion
Wie war seine Reaktion?

real
¡Qué real parecía todo!
la familia real

echt, wirklich; königlich; Königs-
Wie echt alles schien!
die königliche Familie; das Königshaus

realidad
la realidad de los hechos
En realidad, no es amigo mío.

Wirklichkeit
die Tatsachen
In Wirklichkeit ist er gar kein Freund von
mir.

realista
Hay que ser realista.

Realist
Man muss Realist bleiben.

realizar
Se han realizado sus sueños.

verwirklichen
Seine Träume haben sich verwirklicht.

rebaja
¿No me haría una rebaja?

Preisnachlass; Rabat
Können Sie mir keinen Rabat geben?

recado
Dejó un recado y se fue.

Nachricht
Er hat eine Nachricht hinterlassen und ist
gegangen.

recibir
recibir una carta
Siempre nos recibe con mucha
amabilidad.

empfangen
einen Brief empfangen
Er empfängt uns immer mit großer
Freundlichkeit.

recepción
En la recepción del hotel le
informarán.
una recepción en el ayuntamiento

Empfang; Rezeption
An der Hotelrezeption wird man Sie
informieren.
ein Empfang im Rathaus

recibo
¿Me da un recibo, por favor?

Quittung
Geben Sie mir eine Quittung, bitte?

reciclaje
En mi empresa ofrecen muchos cursos
de reciclaje.

Recycling; Umschulung
In meiner Firma werden viele
Umschulungskurse angeboten.

reciente
Es un caso reciente.

neuerlich; kürzlich
Das ist ein kürzlich geschehener Fall.

recién
los recién llegados

neu
die neu Angekommenen

reclamar
Tenemos que reclamar esta cuenta.

beanstanden
Wir müssen diese Rechnung
beanstanden.

reclamación
Le escribieron una carta de
reclamación.

Beschwerde
Sie haben ihm einen Beschwerdebrief
geschrieben.

recoger
Pasaré a recogerte a la estación.
No han recogido la fruta.

abholen; ernten
Ich komme dich am Bahnhof abholen.
Sie haben das Obst nicht geerntet.

recomendar
Le recomiendo el menú de la casa.

empfehlen
Ich empfehle Ihnen das Menü des
Hauses.

recomendación
Le han dado el puesto por
recomendación.

Empfehlung
Sie haben ihm die Stelle auf Empfehlung
gegeben.

reconocer
Reconozco que hablo demasiado.
Si no le oigo, no le reconozco.

erkennen; zugeben
Ich gebe zu, dass ich zu viel rede.
Solange ich ihn nicht höre, erkenne ich
ihn nicht.

recordar
No recuerdo ahora dónde lo tengo.

¿No te recuerda a alguien?
Recuérdamelo después.

erinnern; sich erinnern
Ich erinnere mich jetzt nicht, wo ich ihn
habe.
Erinnert er dich nicht an jemanden?
Erinnere mich später daran!

recuerdo
Dele recuerdos de mi parte.
Guardo un buen recuerdo de ellos.
comprar un recuerdo

Gruß; Erinnerung; Andenken
Richten Sie ihm Grüße von mir aus!
Ich habe sie in guter Erinnerung.
ein Andenken kaufen

recorrer → correr

durchlaufen; bereisen

recuperar
Recuperó el dinero perdido.

zurückgewinnen; zurückbekommen
Er hat das verlorene Geld zurück-
gewonnen.

recuperarse
No se ha recuperado de la
  enfermedad.

sich erholen
Er hat sich nicht von der Krankheit erholt.

rechazar
rechazar una invitación
Se presentó para obtener el puesto,
  pero le rechazaron.

ablehnen
eine Einladung ablehnen
Er hat sich für die Stelle beworben, doch
  seine Bewerbung wurde abgelehnt.

rechazo
Sintió el rechazo de sus amigos.

Ablehnung; Abneigung
Er spürte die Abneigung seiner Freunde.

redactar
redactar una carta

abfassen
einen Brief abfassen

redondo
una mesa redonda

rund
ein runder Tisch

reducido
Sus medios son reducidos.

begrenzt, gering; verkleinert
Seine Mittel sind begrenzt.

reducir
Lo reducimos a la mitad.

reduzieren; mindern
Wir reduzieren es auf die Hälfte.

reducción
una importante reducción de precios

Minderung
eine erhebliche Preisminderung

referirse
El se refiere a otra persona.
Me refiero a sus cartas anteriores.

sich beziehen auf
Er bezieht auf jemand anderes.
Ich beziehe mich auf Ihre früheren Briefe.

reflejar
La situación se refleja en la prensa.

wiederspiegeln
Die Lage spiegelt sich in der Presse
  wieder.

reformar
¿Y si reformáramos la casa?

umgestalten
Und wenn wir das Haus umgestalten?

reforma
Ellos proponen unas reformas.

Reform
Sie schlagen einige Reformen vor.

refrescar → **fresco**

erfrischen

refresco → **fresco**

Erfrischungsgetränk

refugiado
un refugiado político

Flüchtling
ein politischer Flüchtling

regalar
¿Qué le regalaremos a Joaquín?

schenken
Was sollen wir Joaquín schenken?

regalo
un regalo para su cumpleaños

Geschenk
ein Geburtstagsgeschenk

régimen
el régimen político
un régimen militar
Sigue un régimen, no come casi nada.

Regime; Regierungsform; Diät
die Regierungsform
ein Militärregime
Sie macht eine Diät, sie isst fast nichts.

región
la región del norte

Region; Gegend
die nördliche Gegend

regional
productos regionales

regional; Regional-
Regionalprodukte

reglamento
los reglamentos de tráfico

Vorschrift
die Verkehrsvorschriften

regresar
Regresaremos lo más pronto posible.

zurückkehren
Wir kehren sobald wie möglich zurück.

regreso
El regreso duró más que la ida.

Rückkehr; Rückfahrt
Die Rückfahrt war länger als die Hinfahrt.

regular

el servicio regular de trenes
Le ha ido regular.
Hay que regular el aparato.

1. (Adj.) gewöhnlich, regulär,
*   mittelmäßig; 2. (V.tr.) einstellen*
der reguläre Zugverkehr
Es ist ihm mittelmäßig ergangen.
Man muss das Gerät einstellen.

reina → rey

Königin

reír
Lo que dice me hace reír.

lachen
Ich muss über das, was er sagt, lachen.

reírse
Se reía de las bromas.

lachen; sich lustig machen
Er lachte über die Witze.

relación
No veo relación con el presente.
¿Qué relaciones tienes con ella?

Bezug; Verhältnis
Ich sehe keinen Bezug zur Gegenwart.
Wie ist dein Verhältnis zu ihr?

relacionar
Se relaciona bien con los nuevos
   compañeros.

sich vertragen
Er verträgt sich gut mit den neuen
*   Kameraden.*

religión
la religión católica

Religion
die katholische Religion

religioso
Es una persona muy religiosa.

religiös, gläubig
Er ist ein sehr gläubiger Mensch.

reloj
Es el reloj de mi abuelo.
El reloj marca la hora.

Uhr
Es ist die Uhr meines Großvaters.
Die Uhr zeigt an, wie viel Uhr es ist.

rellenar → lleno

ausfüllen

remedio
¡No tienes remedio!
¡Qué remedio te queda!

Heilmittel; Abhilfe
Es ist hoffnungslos mit dir!
Was bleibt dir anderes übrig!

renta
el impuesto sobre la renta

Einkommen
die Einkommenssteuer

renunciar
renunciar a sus derechos

verzichten
auf seine Rechte verzichten

renuncia
Aceptaron su renuncia.

Verzicht; Rücktritt
Sie haben sein Rücktrittsgesuch angenommen.

reparar
No se puede reparar.

reparieren
Das kann man nicht reparieren.

reparación
la reparación del coche

Reparatur
die Autoreparatur

repartir
Repartieron el dinero a partes iguales.

aufteilen
Sie teilten das Geld zu gleichen Teilen auf.

repente
de repente
De repente empezó la tormenta.

plötzliche Bewegung
plötzlich
Plötzlich begann der Sturm.

repetir
¿Quiere repetir, por favor?

wiederholen
Könnten Sie es wiederholen, bitte?

repetición
un ejercicio de repetición

Wiederholung
eine Wiederholungsübung

reportaje
un reportaje sobre España

Reportage
eine Reportage über Spanien

reportero
Los reporteros siempre están de viaje.

Reporter
Reporter sind immer unterwegs.

representar
¿Qué representan hoy en el teatro?
¿Vd. a qué empresa representa?

vertreten; aufführen; darstellen
Was wird heute im Theater aufgeführt?
Welche Firma vertreten Sie?

representación
una representación en el teatro
Tiene la representación de la empresa en París.

Aufführung; Vertretung
eine Theateraufführung
Er hat die Vertretung der Firma in Paris.

reservar
reservar una mesa

reservieren, vorbestellen
einen Tisch reservieren

reserva
Lo oyó con muchas reservas.
Tengo una reserva de 1000 euros.
¿Tienes reserva para el tren?

Reservierung; Vorbehalt; Reserve
Er hat ihm mit viel Vorbehalt zugehört.
Ich habe eine Reserve von 1000 Euro.
Hast du eine Reservierung für den Zug?

resfriado
Estoy completamente resfriado.
Tiene un resfriado muy fuerte.

1. (Adj.) erkältet; 2. (Subst.) Erkältung
Ich bin sehr erkältet.
Er hat eine sehr starke Erkältung.

resistir
Resiste muy bien el calor.

widerstehen; aushalten
Er hält die Hitze gut aus.

resistencia
Tiene mucha resistencia física.

Widerstand; Ausdauer
Er hat eine gute körperliche Ausdauer.

resolver
Ya está resuelto el asunto.

lösen
Die Angelegenheit ist schon gelöst.

respecto a
Respecto a mi posición, no ha
    cambiado.
Respecto a esto, no he cambiado de
    opinión.

hinsichtlich
Was mich betrifft, hat er sich nicht
    verändert.
Diesbezüglich habe ich meine Meinung
    nicht gewechselt.

respetar
Ese no respeta a nadie.

respektieren; Rücksicht nehmen
Der nimmt auf niemanden Rücksicht.

respeto
Le tengo mucho respeto.

Achtung; Respekt
Ich habe große Achtung vor ihm.

respirar
No respires por la boca.

atmen
Atme nicht durch den Mund!

respiración
Su respiración es normal.

Atmung
Seine Atmung ist normal.

responder

No respondan todos a la vez.
¿Quién responde por él?

antworten; bürgen für; verantwortlich
    sein für
Antwortet nicht alle gleichzeitig!
Wer ist für ihn verantwortlich?

respuesta
Su respuesta no me parece lógica.

Antwort
Seine Antwort scheint mir unlogisch zu
    sein.

responsable

Soy responsable de la organización.

1. (Adj.) verantwortlich; 2. (Subst.)
    Verantwortliche/r
Ich bin für die Organisation
    verantwortlich.

responsabilidad
Le pesa mucho la responsabilidad.

Verantwortung
Die Verantwortung belastet ihn sehr.

restaurante
ir a comer a un restaurante

Restaurant
zum Essen ins Restaurant gehen

resto
El resto llegará después.
¿Qué hacemos con el resto?

Rest
Der Rest kommt später.
Was machen wir mit dem Rest?

resultar

Resultó bien, a pesar de todo.
Resulta un poco caro.

sich herausstellen als; sich ergeben;
*   gelingen*
Trotz allem ist es gut gelungen.
Es ist etwas teuer.

resulta que
Resulta que se me ha olvidado.

es kam so, dass ...; demnach; folglich
Ich merke, ich habe es vergessen.

resultado
Llegamos al mismo resultado.

¿Qué resultado da el nuevo sistema?

Resultat; Ergebnis
Wir sind zum gleichen Ergebnis
*   gekommen.*
Was für Resultate bringt das neue
*   System?*

retraso
El tren llega con retraso.

Verspätung
Der Zug kommt mit Verspätung an.

retrasarse
Perdona, me retrasaré 10 minutos.

sich verspäten
Entschuldigung, ich werde mich zehn
*   Minuten verspäten.*

reunirse
Nos reuniremos más tarde con ellos.

sich treffen
Später treffen wir uns wieder mit ihnen.

reunión
Las reuniones me quitan mucho
    tiempo.

Versammlung; Sitzung; Besprechung
Die Besprechungen nehmen viel von
*   meiner Zeit in Anspruch.*

revés → **al revés**

umgekehrt; verkehrt

revista
una revista interesante

Zeitschrift
eine interessante Zeitschrift

revolución
La revolución sorprendió al gobierno.

Revolution
Die Revolution überraschte die Regierung.

revolucionario
Es un revolucionario de café.

Revolutionär
Er ist ein „Kaffeehaus-Revolutionär".

rey
el rey de España

König
der König von Spanien

reina
la reina de España

Königin
die Königin von Spanien

rezar
En el convento se reza antes de comer.

beten
Im Kloster betet man vor dem Essen.

rico
Es un país rico en metales.
¡Qué rica la comida!

reich; gut schmeckend
Es ist ein metallreiches Land.
Wie gut das Essen schmeckt!

riqueza
las riquezas naturales del país

Reichtum
der Naturreichtum des Landes

rincón
Es mi rincón preferido.

Ecke
Das ist meine Lieblingsecke.

río
un río importante

Fluss
ein wichtiger Fluss

ritmo
¡Qué ritmo de vida llevas!

Rhythmus
Was für ein rastloses Leben du führst!

robar
Le ha robado el tiempo y el dinero.

stehlen
Es hat ihn Zeit und Geld gekostet.

robo
Ayer hubo un robo en el banco.

Raub
Gestern gab es einen Bankraub.

rodilla
Me va a operar de la rodilla.

Knie
Er wird mich am Knie operieren.

rogar
Le ruego que me perdone.

bitten
Ich bitte Sie, mir zu verzeihen.

rojo
Me gusta el color rojo.

rot
Mir gefällt rot als Farbe.

rollo
Esta película es un rollo.
Elsa tiene un rollo con Pablo.

Rolle; Walze; „alter Schinken"; Affäre
Dieser Film ist ein langweiliger Schinken.
Zwischen Elsa und Pablo läuft etwas.

romper
¡Ten cuidado, no lo rompas!
Se le ha roto el pantalón.

zerbrechen; zerreißen
Vorsicht, zerbrich es nicht!
Ihre Hose ist gerissen.

romperse
romperse un brazo

sich brechen
sich einen Arm brechen

ropa
ropa de verano

Kleidung
Sommerkleidung

rosa
Rosas rojas para Vd.

Rose
Rote Rosen für Sie!

rosado
Yo quiero un vino rosado.

rosa; rosé
Ich möchte einen Roséwein.

rubio
tener el pelo rubio

blond
blonde Haare haben

rueda
la rueda del coche
una rueda de prensa

Rad; Konferenz
das Autorad
eine Pressekonferenz

ruido
No puedo dormir con este ruido.

Geräusch; Lärm
Bei diesem Lärm kann ich nicht schlafen.

S

saber
Me gustaría saber el horario nuevo.

¿Sabe Vd. dónde está correos?
Sé español.

wissen; können
Ich möchte gerne die neuen
Öffnungszeiten wissen.
Wissen Sie wo das Postamt ist?
Ich kann Spanisch.

sacar
Saca las cosas de la maleta, por favor.
Tengo que sacar dinero del banco.
sacar entradas
sacar una foto

herausnehmen; abheben
Nimm die Sachen aus dem Koffer, bitte!
Ich muss Geld auf der Bank abheben.
die Eintrittskarten lösen
ein Foto machen

saco
un saco de patatas

Sack
ein Kartoffelsack

saco de dormir
Los jóvenes en general viajan con
saco de dormir.

Schlafsack
Die Jugendlichen reisen meistens mit dem
Schlafsack.

sal (f.)
¿Me puede traer sal, por favor?

Salz
Könnten Sie mir etwas Salz bringen,
bitte?

salado
La sopa está muy salada.

gesalzen, salzig
Die Suppe ist sehr salzig.

sala de estar
La sala de estar es muy grande.

Wohnzimmer
Das Wohnzimmer ist sehr groß.

salón
Es un salón enorme.

Salon
Es ist ein riesiger Salon.

salir

Esta noche vamos a salir juntos.
El avión sale a las siete.
Esto te va a salir caro.
Nos ha salido bien.

ausgehen; hinausgehen; abfahren;
kosten; gelingen
Heute Abend gehen wir zusammen aus.
Das Flugzeug fliegt um sieben Uhr ab.
Das kommt dir teuer zu stehen.
Es ist uns gut gelungen.

salida
La salida del edificio está al otro lado.

la salida del tren

Ausgang; Abfahrt
Der Ausgang des Gebäudes ist auf der anderen Seite.
die Zugabfahrt

salud
Tiene una salud excelente.
¡A su salud!

Gesundheit
Er hat eine ausgezeichnete Gesundheit.
Auf Ihre Gesundheit!

saludar
Voy a saludar a tus padres.
(en cartas) Le saluda atentamente

begrüßen; grüßen
Ich gehe deine Eltern begrüßen.
(in Briefen) Mit freundlichen Grüßen

saludo
un saludo afectuoso

Gruß
ein lieber Gruß

sangre (f.)
El herido ha perdido mucha sangre.

Blut
Der Verletzte hat viel Blut verloren.

sangría
beber una sangría

Sangría; Rotweinbowle
ein Glas Sangría trinken

san, santo

Ayer fue su santo.
el día de San José
la Semana Santa de Sevilla

1. (Subst.) Heiliger, Namenstag; 2. (Adj.) heilig
Gestern war sein Namenstag.
der Sankt-Josephs-Tag
die Karwoche von Sevilla

sano
un clima muy sano
Dicen que la fruta es muy sana.
Pepe no está sano.

gesund
ein sehr gesundes Klima
Man sagt, dass Obst sehr gesund ist.
Pepe ist nicht gesund.

sanidad
el Ministerio de Sanidad

Gesundheit
das Gesundheitsministerium

seco
un paisaje seco
un vino seco

trocken
eine trockene Landschaft
ein trockener Wein

secar
Ha puesto la ropa a secar.

Sécate el pelo.

trocknen
Er hat die Kleider zum Trocknen aufgehängt.
Trockne dir die Haare!

secretaría
La secretaría le informará.

Sekretariat
Im Sekretariat wird man Sie informieren.

secretario/a
Mi secretaria le llamará mañana.

Sekretär, Sekretärin
Meine Sekretärin wird Sie morgen anrufen.

sed
tener sed

Durst
Durst haben

seguir
Siga Vd. adelante.
El tiempo sigue igual.
Seguimos esperando.

folgen; weitergehen; fortfahren; bleiben
Fahren Sie fort!
Das Wetter bleibt gleich.
Wir warten immer noch.

siguiente
al día siguiente
Pasa lo siguiente: ...

folgend
am folgenden Tag
Es passiert Folgendes: ...

según
Según el médico, está mejor.

Esto es según cómo se mire.

nach, gemäß
Nach Meinung des Arztes geht es ihm
besser.
Das ist unterschiedlich, je nachdem wie
man es anschaut.

segundo

el segundo de la lista
Faltan diez segundos.

1. (Adj.) zweite/r; 2. (Subst.) Zweiter
Sekunde
der Zweite auf der Liste
Es fehlen noch zehn Sekunden.

seguro
¡Estoy completamente seguro!
el seguro del coche

1. (Adj.) sicher; 2. (Subst.) Versicherung
Ich bin vollkommen sicher!
die Autoversicherung

seguridad
Lo sé con toda seguridad.

Sicherheit
Das weiß ich mit Sicherheit.

sello
un sello de dos euros
La carta necesita sello y firma.

Briefmarke; Stempel
eine Briefmarke zu zwei Euro
Der Brief muss gestempelt und
unterschrieben werden.

semana
una semana de vacaciones

Woche
eine Woche Ferien

Semana Santa
¿Qué hacéis en las vacaciones de
Semana Santa?

Karwoche vor Ostern
Was macht ihr in den Osterferien?

semáforo
¡Frena, el semáforo se ha puesto rojo!

Ampel
Brems! Die Ampel ist jetzt rot.

semejante
Las dos revistas son semejantes.
¿Dónde se ha visto cosa semejante?

ähnlich
Beide Zeitschriften sind ähnlich.
Wo hat man je Ähnliches gesehen?

seminario
Hay un seminario para profesores de
español.

Seminar
Es gibt ein Seminar für Spanischlehrer.

sencillo
un trabajo sencillo
una persona sencilla

einfach
eine einfache Arbeit
ein einfacher Mensch

sensación
Tengo la sensación de que va a pasar algo.
Causó sensación entre el público.

Gefühl; Sensation
Ich habe das Gefühl, dass etwas passieren wird.
Er hat im Publikum eine Sensation hervorgerufen.

sensacional
un éxito sensacional

sensationell
ein sensationeller Erfolg

sentar
Sentó al niño en la silla.
Te sentará bien tomar el aire.

setzen; bekommen
Er hat das Kind auf den Stuhl gesetzt.
Etwas frische Luft wird dir gut bekommen.

sentarse
¿Se quiere Vd. sentar?

sich setzen
Möchten Sie sich setzen?

sentencia
Ya no hay sentencia de muerte.

Urteil; Verurteilung
Es gibt keine Verurteilung zum Tod mehr.

sentir
¡Siento llegar tan tarde!
Siento que no tenga Vd. tiempo.

Leid tun; fühlen; bedauern
Es tut mir Leid, so spät zu kommen.
Ich bedauere, dass Sie keine Zeit haben.

sentido
No tiene sentido seguir discutiendo.
Tiene mucho sentido común.

De golpe cayó al suelo sin sentido.

Sinn; Bedeutung; Verstand
Es hat keinen Sinn weiter zu diskutieren.
Er hat einen gesunden Menschenverstand.
Plötzlich ist er ohnmächtig zu Boden gefallen.

sentimiento
Es una persona que no tiene sentimiento.

Gefühl
Er ist ein Mensch ohne Gefühle.

señal (f.)
Es una buena señal.
las señales de tráfico

Zeichen; Signal
Das ist ein gutes Zeichen.
die Verkehrszeichen

señalar
Le señalaron los libros que tenía que leer.

angeben; nennen; zeigen
Man hat ihm die Bücher genannt, die er lesen musste.

señor / señora / señorita
¿Quiere firmar aquí, señor?

Herr / Frau / Fräulein
Würden Sie bitte hier unterschreiben?
(Die Anrede fällt im Deutschen weg, falls kein Name bekannt ist.)

ser
Es mi hermano.
¿Es Vd. de aquí?
La copa es de cristal.
Pilar es muy guapa.
Es mío.

sein
Er ist mein Bruder.
Sind Sie von hier?
Das Glas ist aus Kristall.
Pilar ist sehr hübsch.
Das ist meines.

serie
Han publicado una serie de artículos.
Es un artículo fuera de serie.

Serie, Reihe, Folge
Sie haben eine Reihe Artikel veröffentlicht.
Das ist eine Sonderanfertigung.

serio
¿Cómo? ¿Lo dices en serio?
Se puso serio de repente.

ernst; ernsthaft
Wie? Meinst du das ernsthaft?
Er wurde plötzlich ernst.

servir
Sirve para muchas cosas.
¿Te sirvo más vino?

dienen; nützlich sein; einschenken
Das ist für viele Dinge nützlich.
Soll ich dir mehr Wein einschenken.

servicio
Me ha prestado un gran servicio.

Dienst
Er hat mir einen großen Dienst erwiesen.

servicio militar / mili
Mi novio está haciendo el servicio militar.
Está haciendo la mili.

Militärdienst
Mein Freund macht gerade Militärdienst.

Er ist gerade beim Militär.

servicio social sustitutorio
Mi novio está haciendo el servicio social sustitutorio en un hospital.

Wehrersatzdienst; Zivildienst
Mein Freund macht Zivildienst in einem Krankenhaus.

servicios
Los servicios están fuera, a la derecha.

Toilette
Die Toilette ist draußen, auf der rechten Seite.

sexo
el sexo masculino

Geschlecht
das männliche Geschlecht

sexual
la vida sexual

sexuell; Sexual-
das Sexualleben

sí
○ Perdón. △ ¿Sí, dígame?
Sí, es cierto.
○ No es verdad. △ ¡Claro que sí!
Sí, sí, este jueves a las diez y media.

ja
○ *Entschuldigung.* △ *Ja, bitte!*
Ja, es stimmt.
○ *Es ist nicht wahr.* △ *Doch, es ist wahr!*
Ja, doch, diesen Donnerstag um 10.30 Uhr.

si
Si le parece bien.
Si lo supiera...

wenn; falls; ob
Falls es Ihnen recht ist.
Wenn er das wüsste ...

si no
Si no, tomaremos un taxi.
No sé si vendrá.

wenn nicht; sonst
Sonst nehmen wir ein Taxi.
Ich weiß nicht, ob er kommt.

siempre
Siempre viene a esta hora.

immer
Er kommt immer um diese Zeit.

siglo
el siglo veinte

Jahrhundert
das zwanzigste Jahrhundert

significar
¿Qué significa ese silencio?

bedeuten
Was bedeutet dieses Schweigen?

siguiente → **seguir**

folgend

silencio
Y ahora, ¡silencio, por favor!

Ruhe; Schweigen; Stille
Und jetzt, Ruhe bitte!

silencioso
Es una persona silenciosa.

still; schweigsam
Er ist ein schweigsamer Mensch.

silla
Allí hay una silla libre.

Stuhl
Dort ist ein freier Stuhl.

sillón
un sillón muy cómodo

Sessel
ein sehr bequemer Sessel

simpático
un chico simpático

nett; sympathisch
ein netter Junge

simple
La cosa no es tan simple como parece.

a simple vista

einfach
Die Sache ist nicht so einfach, wie sie
aussieht.
auf den ersten Blick

sin
Sin azúcar, por favor.

ohne
Ohne Zucker, bitte!

sin que
Lo hacemos sin que tenga que
molestarse Vd.

ohne, dass
Wir tun das, ohne dass Sie sich Umstände
machen müssen.

sin embargo
Está desilusionado, sin embargo,
sigue en el partido.

trotzdem
Er ist enttäuscht, trotzdem bleibt er in der
Partei.

sincero
No es sincero, dice lo que le conviene.

ehrlich
Er ist nicht ehrlich. Er sagt immer, was
ihm bequem ist.

sinceridad
Su sinceridad me gusta.

Ehrlichkeit
Seine Ehrlichkeit gefällt mir.

sindicato
el sindicato de obreros

Gewerkschaft
die Arbeitergewerkschaft

sino
No es eso, sino lo contrario.

sondern
Das ist es nicht, sondern das Gegenteil.

sintético
un material sintético

synthetisch; künstlich
ein Kunststoff

sistema
Es un nuevo sistema electrónico.

System
Das ist ein neues elektronisches System.

sistemático
Es muy sistemático en su trabajo.

systematisch
Er ist sehr systematisch bei seiner Arbeit.

sitio
No queda ningún sitio libre.
Es un sitio bonito.

Ort; Platz
Es ist kein Platz mehr frei.
Es ist ein schöner Ort.

situación
una situación política difícil

Situation; Lage
eine schwierige politische Lage

sobrar
Ha sobrado mucha comida.
No me sobra el dinero.

übrig bleiben; zu viel haben
Es ist viel Essen übrig geblieben.
Ich habe keinen Pfennig zu viel.

sobre
sobre la mesa
¿Te queda un sobre para esta carta?

1. (Präp.) auf; über; 2. (Subst.) Umschlag
auf dem Tisch
Hast du noch einen Umschlag für diesen Brief?

sobre todo
Sobre todo, le aconsejo que visite el museo.

vor allem
Vor allem rate ich Ihnen, das Museum zu besuchen.

social
un problema social

gesellschaftlich; sozial
ein soziales Problem

socialismo
el socialismo de los años 50

Sozialismus
der Sozialismus der 50er Jahre

socialista
el partido socialista

sozialistisch
die sozialistische Partei

sociedad
una sociedad de consumo

Gesellschaft
eine Konsumgesellschaft

socio
Hace años que somos socios.

Mitglied; Geschäftspartner
Wie sind seit Jahren Geschäftspartner.

socorro
¡Socorro! ¡Ayúdenme!

Hilfe
Hilfe! Helft mir!

puesto de socorro
¡Llévalo al puesto de socorro!

Unfallstation
Bring ihn zur Unfallstation!

sol
Hace sol.
tomar el sol

Sonne
Es scheint die Sonne.
sich sonnen

soldado
Murieron muchos soldados.

Soldat
Es sind viele Soldaten gestorben.

soler
Suele tomar té por las noches.

pflegen, gewöhnlich tun
Er pflegt am Abend Tee zu trinken.

sólido
una construcción sólida

fest; solide
ein solider Bau

solo
Estaba solo y le hablé.

allein
Er war allein, und ich habe mit ihm
gesprochen.

sólo
Sólo hoy y mañana ponen esa
película.

bloß, nur
Diesen Film zeigen sie bloß heute und
morgen.

soltero
¿Es Vd. soltero o casado?

allein stehend
Sind Sie allein stehend oder verheiratet?

solución
una buena solución

Lösung
eine gute Lösung

sombra
Se está bien a la sombra con este calor.

Schatten
Bei dieser Hitze ist es im Schatten
angenehm.

sombrero
un sombrero negro

Hut
ein schwarzer Hut

sonar
Ha sonado el teléfono todo el día.

Esta guitarra suena muy bien.

klingeln; spielen
Das Telefon hat den ganzen Tag
geklingelt.
Diese Gitarre klingt sehr gut.

sonido
Esta guitarra tiene buen sonido.

Klang
Diese Gitarre hier hat einen guten Klang.

soñar
Anoche soñé contigo.
Sueña con irse de aquí.

träumen
Heute Nacht habe ich von dir geträumt.
Er träumt davon, von hier wegzugehen.

sueño
No aguanto más el sueño.
Es su sueño de toda la vida.

Schlaf; Traum; Müdigkeit
Ich halte die Müdigkeit nicht länger aus.
Es ist sein Lebenstraum.

sopa
una sopa de verdura

Suppe
eine Gemüsesuppe

soportar
A Juan no lo soporto.

ertragen
Juan ertrage ich nicht.

insoportable
Es una persona insoportable.

unerträglich
Er ist ein unerträglicher Mensch.

sorprender
Sorprendió a todos con su llegada.

überraschen
Mit seiner Ankunft hat er alle überrascht.

sorprendente
Es sorprendente lo que me cuenta Vd.

erstaunlich
Was Sie mir erzählen, ist erstaunlich.

sorpresa
¡Vaya sorpresa que nos ha dado!

Überraschung
Welch Überraschung haben Sie uns gemacht!

sospechar
Sospecho que no va a venir.

verdächtigen; vermuten
Ich vermute, dass er nicht kommen wird.

sospecha
Tenía la sospecha de que era mentira.

Verdacht
Ich hatte den Verdacht, dass es eine Lüge war.

sótano
Su despacho está en el sótano.

Keller
Ihr Büro ist im Keller.

subir
subir a pie
Los precios suben.

hinaufgehen; hochheben; steigen
zu Fuß hinaufgehen
Die Preise steigen.

subida
La subida es peligrosa.
la subida de los precios

Aufstieg; Anstieg
Der Aufstieg ist gefährlich.
der Preisanstieg

subsidio de desempleo
Él cobra el subsidio de desempleo.

Arbeitslosenunterstützung
Er bekommt Arbeitslosenunterstützung.

sucio
La piscina está sucia.

dreckig
Das Schwimmbad ist schmutzig.

sucursal
Aquí no hay sucursal de mi banco.

Filiale
Hier gibt es keine Filiale meiner Bank.

sueldo
Su sueldo no le alcanza para nada.

Gehalt
Sein Gehalt reicht überhaupt nicht aus.

suelo
El suelo es de madera.

Boden; Fußboden
Der Fußboden ist aus Holz.

sueño → **soñar**

Traum; Schlaf; Müdigkeit

suerte
¡Tiene mala suerte!
Por suerte, tenía dinero en casa.

Glück; Schicksal
Er hat Pech!
Zum Glück hatte er Geld zu Hause.

suficiente
No tengo suficiente para vivir.

ausreichend; genug
Ich habe nicht genug zum Leben.

insuficiente
Es insuficiente lo que gana.

nicht ausreichend; ungenügend
Was er verdient, ist nicht ausreichend.

sufrir
Ha sufrido mucho últimamente.
El coche sufrió daños.

leiden; erleiden
Er hat in letzter Zeit viel gelitten.
Das Auto hat Schaden erlitten.

súper
Diez litros de súper, por favor.

Super-Benzin
Zehn Liter Super-Benzin, bitte.

superficial
una herida superficial

oberflächlich
eine oberflächliche Wunde

superior
un producto de calidad superior
Las oficinas están en la parte superior
del edificio.

höher; obere; überlegen; vortrefflich
ein Produkt von höherer Qualität
Die Büros sind im oberen Teil des
Gebäudes.

supermercado → mercado

Supermarkt

suplemento
Tendrá que pagar un suplemento.

Zeitungsbeilage; Zuschlag
Sie werden wohl einen Zuschlag zahlen
müssen.

suponer
Supongo que lleva razón.
Tendrá treinta años, supongo.
Esto supone nuevos problemas para él.

annehmen; voraussetzen
Ich nehme an, dass er Recht hat.
Er wird wohl dreißig sein, nehme ich an.
Das bringt voraussichtlich neue Probleme
für ihn mit sich.

sur
viajar por el sur del país

Süden
durch den Süden des Landes reisen

suspender
Ha suspendido el examen.
Le han suspendido en el examen.

aufheben; aufschieben
Er hat die Prüfung aufgeschoben.
Sie haben ihn bei der Prüfung durchfallen
lassen.

susto
¡Qué susto me has dado!

Schreck, Schrecken
Du hast mir einen Schrecken eingejagt!

T

tabaco
Es tabaco negro.

Tabak
Es ist schwarzer Tabak.

tal
¡Quién puede pagar tales precios!
¿Qué tal van las cosas?

solch; derartig
Wer kann derartige Preise bezahlen?
Wie laufen die Dinge?

taller
un taller de reparaciones

Werkstatt; Seminar
eine Reparaturwerkstatt

tamaño
¿Tiene esta maleta en otro tamaño?

Größe
Haben Sie diesen Koffer auch in einer
anderen Größe?

también
Yo quiero también un helado.

auch
Ich möchte auch ein Eis.

tampoco
Tampoco lo sé.

auch nicht
Ich weiß es auch nicht.

tanto
La bolsa no pesa tanto como la maleta.

¡Tengo tanto trabajo!

so viel; so sehr
Die Tasche ist nicht so schwer wie der
Koffer.
Ich habe so viel Arbeit!

   tan
   El tinto no es tan bueno como el
   blanco.

so, so sehr
Der Rotwein ist nicht so gut wie der
Weißwein.

tapa
¿Les sirvo alguna tapa con la cerveza?

Cierra la tapa, por favor.

Deckel; kleine Vorspeisen
Soll ich Ihnen zum Bier ein paar kleine
Vorspeisen bringen?
Schließ den Deckel ab, bitte.

   tapear
   El sábado vamos a tapear.

Tapas essen
Am Samstag gehen wir Tapas essen.

taquilla
La taquilla abre a las seis.

Fahrkartenschalter; Kartenverkauf
Der Schalter ist ab sechs geöffnet.

tarde

¡Siento llegar un poco tarde!

Buenas tardes.
Está cerrado por la tarde.

1. (Adj.) spät; 2. (Subst.) Nachmittag,
Abend
Es tut mir Leid, dass ich etwas spät
komme.
Guten Abend! / Tag!
Am Nachmittag ist geschlossen.

   tardar
   ¿Cuánto tardan en hacer la
   reparación?

dauern; Zeit brauchen
Wie lange brauchen sie für die Reparatur?

tarjeta
Aquí tiene mi tarjeta.
Le escribí una tarjeta desde Valencia.

Karte; Kreditkarte; Visitenkarte
Hier ist meine Visitenkarte.
Ich habe ihm eine Karte aus Valencia
geschrieben.

taxi
Vamos a tomar un taxi.

Taxi
Lasst uns ein Taxi nehmen.

taza
Otra taza de café, por favor.

Tasse
Noch eine Tasse Kaffee, bitte.

té
¡Un té con leche, por favor!

Tee
Einen Tee mit Milch, bitte!

teatro
El teatro esta en la plaza del pueblo.

Theater
Das Theater befindet sich auf dem Dorfplatz.

técnico
El técnico arreglará la avería.

Es sólo un problema técnico.

1. (Subst.) Techniker; 2. (Adj.) technisch
Der Techniker wird den Schaden beheben.
Es ist bloß ein technisches Problem.

telefonear
Telefonea a todas horas.

anrufen; telefonieren
Er ruft zu jeder Zeit an.

teléfono
Este teléfono no funciona.

Telefon
Dieses Telefon funktioniert nicht.

televisión
El programa de televisión empieza ahora.

Fernseher; Fernsehen
Die Fernsehsendung beginnt jetzt.

tele
¿Estás mirando la tele?

Fernseher
Schaust du fern?

tema
Ese tema no me interesa.

Thema
Dieses Thema interessiert mich nicht.

temer
Me temo que hemos perdido el tren.

Temo que no me devuelva el dinero.

fürchten
Ich fürchte, dass wir den Zug verpasst haben.
Ich fürchte, dass er mir das Geld nicht zurückgeben wird.

temor
Siente temor por la noche.

Furcht; Angst
Er hat Angst in der Nacht.

temperatura
Afuera hace una temperatura agradable.
Tiene 40 grados de temperatura.

Temperatur
Draußen ist die Temperatur angenehm.
Er hat 40 Grad Körpertemperatur.

temporada → tiempo

Jahreszeit

temporero → tiempo

Saisonarbeiter; Gelegenheitsarbeiter

temprano
levantarse temprano

früh
früh aufstehen

tendencia
Hay diferentes tendencias políticas.

Tendenz; Richtung
Es gibt verschiedene politische Richtungen.

tenedor — *Gabel*
un cuchillo y un tenedor — *ein Messer und eine Gabel*
un restaurante de tres tenedores — *ein drei Sterne / drei Gabeln Restaurant*

tener — *besitzen; haben; halten*
Tiene un piso en la playa. — *Er hat eine Wohnung am Meer.*
Tengo hambre. — *Ich habe Hunger.*
Tengo 50 años. — *Ich bin 50 Jahre alt.*

tener lugar — *stattfinden*
La reunión no ha tenido lugar. — *Die Sitzung hat nicht stattgefunden.*

tener que — *müssen*
¡Adiós! Tengo que irme. — *Tschüss! Ich muss gehen.*

tercero — *dritter*
Suba Vd. al tercer piso. — *Gehen Sie hinauf in den dritten Stock!*

terminal — *Busbahnhof*
¿Dónde está la terminal de autobuses? — *Wo ist der Busbahnhof?*

terminar — *beenden; fertig werden*
¿A qué hora terminamos? — *Um wie viel Uhr werden wir fertig?*

ternera — *Kalb*
un filete de ternera — *ein Kalbsfilet*

terraza → tierra — *Terrasse*

terreno → tierra — *Grundstück*

terrible → terror — *furchtbar*

terror — *Schrecken; Horror*
Le da terror salir por la noche. — *Sie hat einen Horror davor, nachts auszugehen.*

terrorismo — *Terrorismus*
el terrorismo internacional — *der internationale Terrorismus*

terrorista — *terroristisch; Terrorist*
una acción terrorista — *eine terroristische Aktion*

terrible — *furchtbar*
un dolor de cabeza terrible — *furchtbare Kopfschmerzen*

testigo — *Zeuge*
Los testigos declararon ante el Tribunal. — *Die Zeugen haben vor dem Gericht ausgesagt.*

texto — *Text*
un texto bien escrito — *ein gut geschriebener Text*

tiempo
¡Qué mal tiempo!

Wetter; Zeit
Was für schlechtes Wetter!

a tiempo
Quiero llegar a tiempo.

rechtzeitig
Ich möchte rechtzeitig ankommen.

con tiempo
Lo hacemos con tiempo.

früh genug
Wir tun das früh genug.

temporada
la temporada turística

Jahreszeit; Saison
die Hauptsaison für den Tourismus

temporero
Se necesitan trabajadores
 temporeros.

Saisonarbeiter; Gelegenheitsarbeiter
Es werden Saisonarbeiter gesucht.

tienda
una tienda de muebles

Geschäft
ein Möbelgeschäft

tienda de campaña
Tenemos que montar la tienda.

Zelt
Wir müssen das Zelt aufbauen.

tierra
Me gustaría volver a mi tierra.

Esta tierra es muy buena.

Erde; Land; Boden
Ich würde gerne in mein Land
 zurückkehren.
Dieser Boden ist sehr gut.

terraza
Desde la terraza hay una buena vista.

Terrasse
Von der Terrasse gibt es eine schöne
 Aussicht.

terreno
un terreno cerca de la playa

Grundstück
ein Grundstück nahe am Strand

tijeras
Córtalo con las tijeras.

Schere
Schneide es mit der Schere!

tímido
un niño bastante tímido

schüchtern
ein recht schüchternes Kind

tinto
Es un vino tinto de la Rioja.

1. (Subst.) Rotwein; 2. (Adj.) gefärbt
Das ist ein Rotwein aus der Rioja.

tío, tía
Su tío le conseguirá trabajo.

Onkel, Tante
Sein Onkel wird ihm eine Arbeit
 verschaffen.

tipo
Es un tipo muy simpático.
Tiene buen tipo.

Typ; Aussehen, Figur
Er ist ein freundlicher Typ.
Er hat eine gute Figur.

típico
un baile típico

typisch
ein typischer Tanz

tirar
Ya no sirve, lo podemos tirar.

(en puertas) ¡Tirar!

wegwerfen; ziehen
Es wird nicht mehr gebraucht, wir können
es wegwerfen.
(bei Türen) Ziehen!

  retirar
  Retiró el dinero del banco.

abheben; abholen
Er hat das Geld von der Bank abgehoben.

  retirarse
  Se retiró antes de tiempo.

sich zurückziehen
Er hat sich vorzeitig zurückgezogen.

toalla
una toalla limpia

Handtuch
ein sauberes Handtuch

tocar
¡No tocar!
tocar la guitarra
Esta vez me toca a mí invitaros.

berühren; spielen; an der Reihe sein
Nicht berühren!
Gitarre spielen
Dieses Mal bin ich an der Reihe euch
einzuladen.

todavía
Todavía llegamos a tiempo.
Todavía no está abierto.

noch (immer)
Wir kommen noch rechtzeitig.
Es ist noch nicht offen.

todo
Bueno, ¡esto es todo!

ganz; alles
Also gut, das ist alles.

  todo el día
  trabajar todo el día

den ganzen Tag
den ganzen Tag arbeiten

  todos
  Vamos todos juntos.

alle
Lasst uns alle zusammen gehen!

  todos los días
  todos los días, menos el domingo

jeden Tag
jeden Tag außer Sonntags

tolerante
una persona tolerante

tolerant
eine tolerante Person

  tolerancia
  Tiene mucha tolerancia con todo el
  mundo.

Toleranz
Er ist mit jedem sehr tolerant.

  intolerante
  ¡Qué intolerante eres!

untolerant
Wie untolerant du bist!

tomar
¿Quiere tomar una copa?
tomar el autobús
tomar medidas
tomar una decisión

nehmen; trinken
Möchten Sie etwas trinken?
den Bus nehmen
Maßnahmen ergreifen
eine Entscheidung treffen

tomate
un kilo de tomates

Tomate
ein Kilo Tomaten

tonto
No es tan tonto como parece.

blöd; dumm
Er ist nicht so dumm, wie er aussieht.

tontería
¡Cómo puedes decir estas tonterías!

Dummheit; Blödsinn
Wie kannst du solchen Blödsinn sagen!

tormenta
La tormenta causó graves daños.

Sturm
Der Sturm verursachte großen Schaden.

toro
Está fuerte como un toro.

Stier
Er ist stark wie ein Stier.

toros
ir a los toros

Stierkampf
zum Stierkampf gehen

tortilla
una tortilla de patatas
una tortilla de maíz

Tortilla; Eierkuchen
eine Tortilla mit Kartoffeln
eine Tortilla mit Mais

tortura
Ha habido casos de tortura.

Folter; Folterung
Es hat Fälle von Folterung gegeben.

torre
visitar la torre del castillo

Turm
den Schlossturm besichtigen

tostada
unas tostadas para el desayuno

Toast
ein paar Scheiben Toast zum Frühstück

total

el número total
En total, serán unos 50 euros.
Total, que se ha marchado.

1.(Subst.) Summe; 2. (Adv.) insgesamt,
*   kurz und gut*
die Gesamtsumme
Insgesamt sind es wohl 50 Euro.
Kurz und gut, er ist gegangen.

totalmente
Estoy totalmente seguro.

vollkommen
Ich bin vollkommen sicher.

trabajar
trabajar por las mañanas

arbeiten
am Vormittag arbeiten

trabajo
No tiene trabajo de momento.

Arbeit
Er hat zur Zeit keine Arbeit.

permiso de trabajo
¡Por fin me han concedido el
    permiso de trabajo!

Arbeitserlaubnis
Endlich hat man mir die Arbeitserlaubnis
*   erteilt.*

trabajador/a
una trabajadora de fábrica

Arbeiter, Arbeiterin
eine Fabrikarbeiterin

tradición
las tradiciones de un pueblo

Tradition
die Traditionen eines Dorfes

tradicional
una fiesta tradicional

traditionell
ein traditionelles Fest

traducir
¿Me puedes traducir esta carta?

übersetzen
Kannst du mir diesen Brief übersetzen?

traducción
una traducción del inglés

Übersetzung
eine Übersetzung aus dem Englischen

traer
¿Me trae un poco de pan, por favor?

bringen
Können Sie mir etwas Brot bringen, bitte?

tráfico
una carretera con mucho tráfico
el tráfico de drogas

Verkehr
eine Landstraße mit viel Verkehr
der Drogenhandel

trágico
un accidente trágico

tragisch
ein tragischer Unfall

traje
un traje de hombre / mujer

Anzug; Kleid
ein Herrenanzug / ein Kleid

tranquilo
un pueblo tranquilo
Puede Vd. estar tranquilo.

ruhig; beruhigt
ein ruhige Ortschaft
Sie können beruhigt sein.

tranquilamente
Puede Vd. hacerlo tranquilamente.

ruhig
Das können Sie ruhig tun.

transportar
Lo transportamos todo con un camión.

transportieren
Wir transportieren alles mit einem Lastwagen.

transporte
el transporte de las mercancías
los transportes públicos

Transport
der Warentransport
die öffentlichen Verkehrsmittel

trasladarse
La agencia se ha trasladado a otra ciudad.

(um)ziehen
Die Agentur ist in eine andere Stadt gezogen.

tratar
Nos trataron muy bien.

behandeln
Man hat uns sehr gut behandelt.

tratar de
tratar de explicar algo

versuchen
etwas zu erklären versuchen

tratarse de
Se trata de lo siguiente: ...

sich handeln um
Es handelt sich um Folgendes: ...

tremendo
El esfuerzo ha sido tremendo.

fürchterlich; gewaltig
Die Anstrengungen sind gewaltig
gewesen.

tren
un tren muy rápido

Zug
ein sehr schneller Zug

tribunal
el Tribunal de Menores

Gericht
das Jugendgericht

triste
¡Qué día tan triste!
¡Qué triste estas hoy!

traurig
Was für ein trauriger Tag!
Wie traurig du heute bist!

tristeza
Se le ve la tristeza en la cara.

Traurigkeit
Die Traurigkeit steht ihm im Gesicht
geschrieben.

triunfar
El equipo español triunfó de nuevo.

gewinnen, siegen; triumphieren
Die spanische Mannschaft hat erneut
gewonnen.

trozo
un trozo de pan

Stück
ein Stück Brot

turismo
En este mes hay poco turismo.

Tourismus
In diesem Monat gibt es wenig
Tourismus.

turista (m./f.)
un turista alemán

Tourist, Touristin
ein deutscher Tourist

turístico
Es un lugar muy turístico.

touristisch
Das ist ein sehr touristischer Ort.

turno
Ya llega mi turno.
trabajar por turnos

Reihenfolge; Schicht
Gleich bin ich an der Reihe.
in Schichten arbeiten

U

último
el último día

letzter
der letzte Tag

único
Es hijo único.
una ocasión única

einzeln; Einzel-; einmalig
Er ist ein Einzelkind.
eine einmalige Gelegenheit

uniforme
el uniforme de Marina

Uniform
die Marineuniform

universidad
Da clases en la universidad.

Universität
Er unterrichtet an der Universität.

uno
Uno no sabe qué decir.
Uno se acostumbra a todo.

jemand; man
Man weiß nicht, was man sagen soll.
Man gewöhnt sich an alles.

urgente
Tengo una llamada urgente que hacer.

dringend
Ich muss dringend telefonieren.

usar
¿Cómo se usa este aparato?

benutzen
Wie benutzt man dieses Gerät?

uso
Esta palabra tiene diferentes usos.

Gebrauch, Verwendung
Dieses Wort hat viele Verwendungen.

útil
Es útil saberlo.

nützlich
Es ist nützlich das zu wissen.

utilidad
Este instrumento ya no tiene utilidad.

Nutzen; Nützlichkeit
Dieses Instrument ist nicht mehr von
Nutzen.

inútil
Es inútil que te lo diga.

unnütz; unnötig
Es ist unnötig, dass ich es dir sage.

V

vaca
carne de vaca

Kuh; Rind
Rindfleisch

vacaciones
ir de vacaciones

Ferien, Urlaub
in Urlaub fahren

vacío
Ese piso está todavía vacío.

leer
Diese Wohnung dort ist immer noch leer.

vago/a
Es un vago, no quiere trabajar.

1. (Subst.) Faulpelz; 2. (Adj.) faul
Er ist ein Faulpelz, er mag nicht arbeiten.

valer
¿Cuánto vale el piso?

kosten; Wert sein
Was kostet die Wohnung?

vale
Vale, ¡de acuerdo!
¡Ah, mañana! Pues, nada, a las siete nos vemos, ¿vale?
Vale, nos vemos mañana a las 5 en tu casa.

in Ordnung
In Ordnung! Einverstanden!
Ah, morgen. Ja gut, dann sehen wir uns um sieben, einverstanden?
Gut, wir sehen uns morgen um fünf bei dir zu Hause.

valor
¡Qué valor tiene!
El valor de la propiedad ha aumentado.

Mut; Wert
Was für einen Mut er hat!
Der Wert des Besitzes ist gestiegen.

valle
el valle de México

Tal
das Tal von Mexiko

vamos → **ir**

„Na komm, ..."

vario
Tenemos faldas de varios precios.

verschieden
Wir haben Röcke zu verschiedenen Preisen.

variedad
Allí hay gran variedad de frutas.

Vielfalt
Dort gibt es eine große Vielfalt an Obst.

variar
El tiempo ha variado.

wechseln; sich ändern
Das Wetter hat sich geändert.

variable
tiempo variable

veränderlich; wechselhaft
wechselhaftes Wetter

variado/a
La comida es muy variada.

abwechslungsreich
Das Essen ist sehr abwechslungsreich.

vaso
un vaso de leche

Glas
ein Glas Milch

vecino/a
A los vecinos no los conozco todavía.
un país vecino

1. (Subst.) Nachbar/in; 2. (Adj.) nah
Ich kenne die Nachbarn noch nicht.
ein nahes Land

velocidad
Reduzca la velocidad, por favor.
Iba a toda velocidad.

Geschwindigkeit
Verringern Sie die Geschwindigkeit, bitte!
Er fuhr mit voller Geschwindigkeit.

vencer
vencer las dificultades

besiegen, überwinden
die Schwierigkeiten überwinden

venda
Vamos a ponerle una venda sobre la herida.

Binde
Wir verbinden ihm die Wunde.

vender
Se venden pisos

verkaufen
Wohnungen zu verkaufen

venta
La casa está en venta.

Verkauf
Das Haus ist zu verkaufen.

venir
¿Quiere venir también?
El tren viene por ese lado.
Viene a las ocho.

kommen
Möchten Sie auch kommen?
Der Zug kommt auf dieser Seite an.
Er kommt um acht Uhr.

que viene
Vendrá el año que viene.

kommendes, nächstes
Er wird nächstes Jahr kommen.

venga

„Komm / Kommt ...“

ventaja
¿Qué ventajas me ofrece?
Sólo piensa en su ventaja.

Vorteil
Was bieten Sie mir für Vorteile?
Er denkt nur an seinen eigenen Vorteil.

desventaja
Hay más ventajas que desventajas.

Nachteil
Es gibt mehr Vorteile als Nachteile.

ventana
Abra la ventana, por favor.

Fenster
Öffnen Sie das Fenster, bitte!

ver
Lo veo bien sin gafas.
¡Me alegro de verle!
No veo otra solución.

sehen
Ich sehe es ohne Brille gut.
Es freut mich, Sie zu sehen!
Ich sehe keine andere Möglichkeit.

verse
Nos vemos los domingos.

sich sehen
Wir sehen uns am Sonntag.

a ver
A ver, ¿dónde le duele?

A ver si conseguimos algo.

schauen wir Mal
Schauen wir mal. Wo haben Sie
Schmerzen?
Schauen wir mal, ob wir etwas erreichen.

verano
vacaciones de verano

Sommer
Sommerferien

verdad
Le digo la verdad.
¡No es verdad!
Es interesante, ¿verdad?

Wahrheit
Ich sage Ihnen die Wahrheit.
Das stimmt nicht!
Das ist interessant, nicht wahr?

verdadero
Es un verdadero amigo.
Es una verdadera lástima.

echt; wirklich
Er ist ein echter Freund.
Das ist wirklich schade.

verde
un paisaje verde
Los verdes tienen ideas interesantes.

1. (Adj.) grün; 2. (Subst.) Grüne/r
eine grüne Landschaft
Die Grünen haben interessante Ideen.

verdura
carne con verdura y patatas

Gemüse
Fleisch mit Gemüse und Kartoffeln

vergüenza
¿No te da vergüenza?

Scham
Schämst du dich nicht?

avergonzarse
Se avergüenza de lo que ha hecho.

sich schämen
Er schämt sich für das, was er gesagt hat.

vestirse
¿Has terminado de vestirte?

sich anziehen
Bist du mit dem Anziehen fertig?

vestido
Tienes un vestido muy bonito.

Kleid
Du hast ein sehr schönes Kleid an.

vez
¡Esta vez hemos tenido suerte!

Mal
Dieses Mal haben wir Glück gehabt.

a la vez
Se fueron todos a la vez.

gleichzeitig; zusammen
Sie sind alle zusammen weggegangen.

a veces
A veces salimos a cenar.

manchmal
Manchmal gehen wir abends aus zum Essen.

de vez en cuando
Aparece muy de vez en cuando.

hin und wieder; selten
Er kommt bloß hin und wieder.

en vez de
En vez de venir por la mañana preferiría por la tarde.

anstatt; statt
Statt am Morgen würde ich lieber am Nachmittag kommen.

a su vez
Y él, a su vez, prometió ayudarnos.

seinerseits, ihrerseits
Und er hat seinerseits versprochen uns zu helfen.

otra vez
Llámalo otra vez.

noch ein Mal
Ruf ihn noch ein Mal an!

la otra vez
La otra vez llegamos tarde.

letztes Mal
Letztes Mal sind wir zu spät gekommen.

vía
las vías del tren
por vía aérea
en vías de desarrollo

Weg; Bahn; Gleis
die Zuggleise
per Luftpost
in der Entwicklungsphase

viajar
viajar en grupo

reisen
in der Gruppe reisen

viaje
un viaje largo

Reise
eine weite Reise

viajero/a
Los alemanes son muy viajeros.

Reisender, Reisende
Die Deutschen sind sehr reisefreudig.

vida
una buena vida

Leben
ein schönes Leben

viejo
un hombre viejo

alt
ein alter Mann

vinagre
La ensalada no tiene vinagre.

Essig
Der Salat ist ohne Essig.

vino
¿Quiere vino blanco o tinto?

Wein
Möchten Sie Weiß- oder Rotwein?

violento
¡Qué carácter más violento!

gewalttätig; jähzornig
Welch jähzorniger Charakter!

violencia
la violencia en la televisión
la violencia política

Gewalt
die Gewalt im Fernsehen
die politische Gewalt

violeta
una blusa color violeta

violett; lila
eine lila Bluse

visitar
visitar a un enfermo
visitar un museo

besuchen
einen Kranken besuchen
ein Museum besuchen

visita
Yo no esperaba su visita.
La visita con guía es a las once.

Besuch; Besichtigung
Ich habe Ihren Besuch nicht erwartet.
Die Besichtigung mit Führung beginnt um elf.

vista
A simple vista, parece verdadero.
Es la mejor vista de la ciudad.

Blick; Ansicht; Aussicht
Auf den ersten Blick, sieht er echt aus.
Das ist die schönste Aussicht der Stadt.

vivienda
Ya hemos encontrado vivienda.

Wohnung
Wir haben schon eine Wohnung gefunden.

vivir
vivir bien / mal
¿En qué ciudad vive Vd.?

leben
gut leben / schlecht leben
In welcher Stadt leben Sie?

vivo
¡Tiene una expresión muy viva en la cara!

lebendig
Er hat einen sehr lebendigen Gesichtsausdruck.

vocabulario
Me falta mucho vocabulario.

Wortschatz
Mir fehlt viel Wortschatz.

volar
Este avión vuela regularmente los jueves.

fliegen
Dieses Flugzeug fliegt regelmäßig am Donnerstag.

vuelo
Ya anuncian mi vuelo, me voy.

Flug
Mein Flug wird schon angekündigt, ich gehe.

voluntad
Depende de su buena voluntad.

Wille
Das hängt von seinem guten Willen ab.

voluntario/a
Estamos buscando voluntarios.
Es un trabajo que hago voluntariamente.

1. (Subst.) Freiwillige/r; 2. (Adj.) freiwillig
Wir suchen Freiwillige.
Das ist eine Arbeit, die ich freiwillig mache.

volver
volver a casa tarde
volver de un viaje

zurückkehren; zurückkommen
spät nach Hause zurückkehren
von einer Reise zurückkommen

volver a + Inf.
No vuelvo a hacerlo.

wieder + Inf.
Ich tue es nicht wieder.

votar
el derecho a votar

wählen
das Wahlrecht

voz
¡Qué buena voz tiene!

Stimme
Was für eine schöne Stimme er hat!

vuelta
Nos veremos a la vuelta.

Vamos a dar una vuelta.

Rückkehr; Runde
Wir sehen uns wieder, wenn wir zurück sind.
Wir gehen eine Runde spazieren.

vulgar
una expresión vulgar

vulgär
ein vulgärer Ausdruck

Y

y / e
blanco y negro
Pedro e Irene se van a casar.

und
schwarz und weiß
Pedro und Irene heiraten bald.

ya
Ya es tarde.

schon
Es ist schon spät.

ya no
Ya no me interesa.

nicht mehr
Es interessiert mich nicht mehr.

ya está
Pues muy bién, así que estamos de
acuerdo, ya està.

recht sein; passen
Ja, sehr gut, also wir sind uns einig, das
passt schon.

Z

zapato
Los zapatos nuevos me aprietan.

Schuh
Die neuen Schuhe drücken.

zona
Hay grandes zonas verdes.
Esta zona, no la conozco.

Gebiet; Gegend; Zone
Es gibt große Gebiete mit Grünanlagen.
Diese Gegend kenne ich nicht.

Länder

Africa	*Afrika*
africano	*Afrikaner, afrikanisch*
América	*Amerika*
americano	*Amerikaner, amerikanisch*
Asia	*Asien*
asiático	*Asiat, asiatisch*
Australia	*Australien*
australiano	*Australier, australisch*
Europa	*Europa*
europeo	*Europäer, europäisch*
Alemania	*Deutschland*
alemán	*Deutscher, deutsch*
Austria	*Österreich*
austríaco	*Österreicher, österreichisch*
Bélgica	*Belgien*
belga	*Belgier, belgisch*
Canadá	*Kanada*
canadiense	*Kanadier, kanadisch*
China	*China*
chino	*Chinese, chinesisch*
Dinamarca	*Dänemark*
danés	*Däne, dänisch*
Egipto	*Ägypten*
egipcio	*Ägypter, ägyptisch*
España	*Spanien*
español	*Spanier, spanisch*
Estados unidos	*Vereinigte Staaten Amerikas*
estadounidense, norteamericano	*US-Amerikaner, US-amerikanisch*
Finlandia	*Finnland*
finlandés	*Finne, finnisch*
Francia	*Frankreich*
francés	*Franzose, französisch*
Grecia	*Griechenland*
griego	*Grieche, griechisch*
Holanda	*Holland*
holandés	*Holländer, holländisch*
Inglaterra	*England*
inglés	*Engländer, englisch*
Italia	*Italien*
italiano	*Italiener, italienisch*
Japón	*Japan*
japonés	*Japaner, japanisch*
Noruega	*Norwegen*
noruego	*Norweger, norwegisch*
Polonia	*Polen*
polaco	*Pole, polnisch*
Portugal	*Portugal*
portugués	*Portugiese, portugiesisch*
República checa	*Tschechische Republik*

checo	*Tscheche, tschechisch*
Rusia	*Russland*
ruso	*Russe, russisch*
Suecia	*Schweden*
sueco	*Schwede, schwedisch*
Suiza	*Schweiz*
suizo	*Schweizer, schweizerisch*
Turquía	*Türkei*
turco	*Türke, türkisch*
Argentina	*Argentinien*
argentino	*Argentinier, argentinisch*
Bolivia	*Bolivien*
boliviano	*Bolivianer, bolivianisch*
Brasil	*Brasilien*
brasileño	*Brasilianer, brasilianisch*
Chile	*Chile*
chileno	*Chilene, chilenisch*
Colombia	*Kolumbien*
colombiano	*Kolumbianer, kolumbianisch*
Costa Rica	*Costa Rica*
costarricense	*Costaricaner, costaricanisch*
Cuba	*Kuba*
cubano	*Kubaner, kubanisch*
Ecuador	*Ekuador*
ecuatoriano	*Ekuadorianer, ekuadorianisch*
El Salvador	*El Salvador*
salvadoreño	*Salvadorianer, salvadorianisch*
Filipinas	*Philippinen*
filipino	*Filipino, philippinisch*
Guatemala	*Guatemala*
guatemalteco	*Guatemalteke, guatemaltekisch*
Honduras	*Honduras*
hondureño	*Honduraner, honduranisch*
México	*Mexiko*
mexicano	*Mexikaner, mexikanisch*
Nicaragua	*Nicaragua*
nicaragüense	*Nicaraguaner, nicaraguanisch*
Panamá	*Panama*
panameño	*Panamaer, panamaisch*
Paraguay	*Paraguay*
paraguayo	*Paraguayer, paraguayisch*
Perú	*Peru*
peruano	*Peruaner, peruanisch*
Puerto Rico	*Puerto Rico*
portorriqueño	*Puertoricaner, puertoricanisch*
República Dominicana	*Dominikanische Republik*
dominicano	*Dominikaner, dominikanisch*
Uruguay	*Uruguay*
uruguayo	*Uruguayer, uruguayisch*
Venezuela	*Venezuela*
venezolano	*Venezolaner, venezolanisch*

Jahreszeiten

primavera	*Frühling*
verano	*Sommer*
otoño	*Herbst*
invierno	*Winter*

Monate

enero	*Januar*
febrero	*Februar*
marzo	*März*
abril	*April*
mayo	*Mai*
junio	*Juni*
julio	*Juli*
agosto	*August*
septiembre	*September*
octubre	*Oktober*
noviembre	*November*
diciembre	*Dezember*

Wochentage

lunes	*Montag*
martes	*Dienstag*
miércoles	*Mittwoch*
jueves	*Donnerstag*
viernes	*Freitag*
sábado	*Samstag*
domingo	*Sonntag*

Zahlen

uno	*eins*
dos	*zwei*
tres	*drei*
cuatro	*vier*
cinco	*fünf*
seis	*sechs*
siete	*sieben*
ocho	*acht*

nueve	*neun*
diez	*zehn*
once	*elf*
doce	*zwölf*
trece	*dreizehn*
catorce	*vierzehn*
quince	*fünfzehn*
dieciséis	*sechzehn*
diecisiete	*siebzehn*
dieciocho	*achtzehn*
diecinueve	*neunzehn*
veinte	*zwanzig*
veintiuno	*einundzwanzig*
veintidós	*zweiundzwanzig*
veintitrés	*dreiundzwanzig*
veinticuatro	*vierundzwanzig*
veinticinco	*fünfundzwanzig*
veintiséis	*sechsundzwanzig*
veintisiete	*siebenundzwanzig*
veintiocho	*achtundzwanzig*
veintinueve	*neunundzwanzig*
treinta	*dreißig*
treinta y uno	*einunddreißig*
cuarenta	*vierzig*
cincuenta	*fünfzig*
sesenta	*sechzig*
setenta	*siebzig*
ochenta	*achtzig*
noventa	*neunzig*
cien	*hundert*
ciento uno	*hunderteins*
doscientos	*zweihundert*
trescientos	*dreihundert*
cuatrocientos	*vierhundert*
quinientos	*fünfhundert*
seiscientos	*sechshundert*
setecientos	*siebenhundert*
ochocientos	*achthundert*
novecientos	*neunhundert*
mil	*tausend*
un millón	*eine Million*
mil millones	*tausend Millionen*
primero	*erster*
segundo	*zweiter*
tercero	*dritter*
cuarto	*vierter*
quinto	*fünfter*
sexto	*sechster*
séptimo	*siebter*
octavo	*achter*
noveno	*neunter*
décimo	*zehnter*
milésimo	*tausendster*

Wichtigste Unterschiede zwischen der spanischen und der deutschen Aussprache

Spanisch	Beispiel	Deutsche Entsprechung
b	banco (Bank)	ein Laut zwischen „**b**ieder" und „**w**ieder"
c(a), c(o), c(u)	carta (Brief)	**K**asten
c(e), c(i)	cera (nah)	(Spanien) wie engl. stimmloses „**th**"; (Lateinamerika) e**ss**en
ch	escuchar (hören)	T**sch**üss
g(a), g(o) g(u)	gato (Katze)	**G**ast
g(e), g(i)	gente (Leute)	ma**ch**en
h	hablar (sprechen)	das „h" wird nicht ausgesprochen
j	jefe (Chef)	ma**ch**en
l	leche (Milch)	**L**eben
ll	calle (Straße)	Tai**ll**e
n	nariz (Nase)	**N**ase
ñ	año (Jahr)	An**j**a
q(ue), q(ui)	queso (Käse)	**K**ebab
r	radio (Radio)	Zungenspitzen-R; am Wortanfang wird es lange gerollt
v	vida (Leben)	ein Laut zwischen „**b**ieder" und „**w**ieder"
w	whisky	**W**hisky
y	yo (ich)	**J**oghurt
z	zapato (Schuh)	(Spanien) wie engl. stimmloses „**th**"; (Lateinamerika) e**ss**en

Grammatik im Überblick

Nomen

Nomen (Hauptwörter) werden immer kleingeschrieben, es sei denn, es handelt sich um Eigennamen.

Im Spanischen gibt es nur das männliche (maskulin / m.) und das weibliche (feminin / f.) Geschlecht (Genus). Eine Entsprechung des deutschen Neutrums gibt es nicht. Die meisten spanischen Nomen enden auf -a, -e, -o oder Konsonant.

GENUS UND PLURAL

Das Geschlecht (Genus) eines Nomens lässt sich häufig an der Endung erkennen.

Nomen, die auf -o, -aje, -ete, -l, -ón und -or enden, sind in der Regel männlich. Im Plural (Mehrzahl) erhalten sie ein zusätzliches -s, wenn sie auf einen Vokal enden, bzw. die Endung -es, wenn sie auf einen Konsonanten enden (dabei entfällt auch der Akzent der Endung -ón).

Singular		Plural	
el libro	das Buch	los libros	die Bücher
el viaje	die Reise	los viajes	die Reisen
el billete	die Fahrkarte	los billetes	die Fahrkarten
el árbol	der Baum	los árboles	die Bäume
el corazón	das Herz	los corazones	die Herzen
el señor	der Herr	los señores	die Herren

Wichtige Ausnahmen! Folgende Nomen enden auf -o, sind aber feminin: *la foto* (das Foto), *la mano* (die Hand), *la moto* (das Motorrad), *la radio* (das Radio).

Nomen, die auf -a, -ad, -ión oder -triz enden, sind in der Regel weiblich. Im Plural erhalten sie ein zusätzliches -s, wenn sie auf einen Vokal enden, bzw. die Endung -es, wenn sie auf einen Konsonanten enden (dabei entfällt auch der Akzent der Endung -ión).

Singular		Plural	
la mesa	der Tisch	*las mesas*	die Tische
la ciudad	die Stadt	*las ciudades*	die Städte
la canción	das Lied	*las canciones*	die Lieder
la cicatriz	die Narbe	*las cicatrizes*	die Narben

Wichtige Ausnahmen! Folgende Nomen enden auf -a und -ión, sind aber maskulin: *el problema* (das Problem), *el día* (der Tag), *el mapa* (die Landkarte), *el avión* (das Flugzeug).

Nomen, die auf -e enden, können maskulin oder feminin sein: *el coche* (das Auto), *la noche* (die Nacht). Der Plural wird durch Anhängen von -s gebildet: *los coches* (die Autos), *las noches* (die Nächte).

Bei Personenbezeichnungen wird die weibliche Form häufig aus der männlichen Form gebildet. Dabei wird die männliche Endung durch -a ergänzt oder ersetzt.

maskulin		feminin	
el niño	der Junge	*la niña*	das Mädchen
el jefe	der Chef	*la jefa*	die Chefin
el español	der Spanier	*la española*	die Spanierin

Artikel

BESTIMMTER ARTIKEL

Der bestimmte Artikel lautet im Spanischen:

	Singular		Plural	
maskulin	*el* libro	das Buch	*los* libros	die Bücher
feminin	*la* casa	das Haus	*las* casas	die Häuser

Achtung! Vor weiblichen Substantiven, die mit betontem *a* (z. B. *agua*) oder *ha* (z. B. *hambre*) beginnen, verwendet man den männlichen Artikel *el*: *el agua* (das Wasser), *el hambre* (der Hunger).

In Verbindung mit den Präpositionen *a* und *de* (siehe S. 174–175) verschmilzt *el* zu *al* bzw. *del*.

UNBESTIMMTER ARTIKEL

Der unbestimmte Artikel lautet im Spanischen:

	Singular		Plural	
maskulin	*un* libro	ein Buch	*unos* libros	einige Bücher
feminin	*una* casa	ein Haus	*unas* casas	einige Häuser

Im Spanischen gibt es im Gegensatz zum Deutschen eine Pluralform für den unbestimmten Artikel. Diese Pluralform (*unos/unas*) wird mit *einige* übersetzt (siehe Tabelle), vor Zahlen bedeutet *unos/unas* *ungefähr*: *unos 300 kilómetros* (ungefähr 300 Kilometer).

Achtung! Wie für den bestimmten Artikel gilt auch für den unbestimmten Artikel: Vor weiblichen Substantiven, die mit *betontem a* oder *ha* beginnen, verwendet man den männlichen Artikel *un*.

Adjektiv

Das Adjektiv richtet sich in Geschlecht und Zahl nach dem Nomen, auf das es sich bezieht. Es steht in der Regel nach dem Nomen.

Anders als im Deutschen muss man auch in der prädikativen Verwendung (das Haus ist teuer) das Adjektiv an das Nomen angleichen (*la casa es cara*).

Viele spanische Adjektive enden in der maskulinen Form auf *-o*, *-e* oder Konsonant. Adjektive auf *-o* bilden die weibliche Form auf *-a*. Adjektive auf *-e* sowie auf Konsonant haben nur eine Form für beide Geschlechter.

maskulin		feminin	
el niño guapo	der hübsche Junge	*la niña guapa*	das hübsche Mädchen
el niño triste	der traurige Junge	*la niña triste*	das traurige Mädchen
el niño feliz	der glückliche Junge	*la niña feliz*	das glückliche Mädchen

Die Pluralbildung erfolgt wie bei den Nomen.

maskulin		feminin	
los niños guapos	die hübschen Jungen	*las niñas guapas*	die hübschen Mädchen
los niños tristes	die traurigen Jungen	*las niñas tristes*	die traurigen Mädchen
los niños felices	die glücklichen Jungen	*las niñas felices*	die glücklichen Mädchen

Achtung! Adjektive auf *-án*, *-ín*, *-ón* und *-or* bilden die weibliche Form durch Anhängen von *-a* und den Plural durch Anhängen von *-es* (männlich) bzw. *-as* (weiblich). Der Akzent geht dabei verloren. Beispiele:

maskulin		feminin	
el chico holgazán	der faule Junge	*la chica holgazana*	das faule Mädchen
el chico trabajador	der fleißige Junge	*la chica trabajadora*	das fleißige Mädchen

los chicos holgazanes	die faulen Jungen	*las chicas holgazanas*	die faulen Mädchen
los chicos trabajadores	die fleißigen Jungen	*las chicas trabajadoras*	die fleißigen Mädchen

Nationalitätenadjektive auf *-o* oder Konsonant bilden die weibliche Form auf *-a* und den Plural durch Anhängen von *-s* (nach Vokal) bzw. *-es* (nach Konsonant).

maskulin	feminin
el señor italiano/alemán/español	*la señora italiana/alemana/española*
der italienische/deutsche/spanische Herr	die italienische/deutsche/spanische Dame
los señores italianos/alemanes/españoles	*las señoras italianas/alemanas/españolas*
die italienischen/deutschen/spanischen Herren	die italienisches/deutschen/spanischen Damen

Adverb

Das Adverb bestimmt Verben, Adjektive, andere Adverbien oder ganze Sätze näher. Anders als im Deutschen unterscheiden sich die Formen der Adverbien im Spanischen von den Formen der Adjektive.

Die Formen des Adverbs leitet man vom Adjektiv ab, indem man die Endung *-mente* an die weibliche Form der Adjektive anhängt.

Adjektiv	Adverb	Beispielsatz	
claro	*claramente*	*Se lo dije claramente.*	Ich habe es ihm klar gesagt.
fácil	*fácilmente*	*Eso se puede cambiar fácilmente.*	Das kann man leicht ändern.

| frecuente | frecuente**mente** | *Vamos al cine* **frecuente- mente**. | Wir gehen häufig ins Kino. |

Die Adverbien zu *bueno* (gut) und *malo* (schlecht) werden unregelmäßig gebildet:

Adjektiv	Adverb	Beispielsatz	
bueno	**bien**	*Manuel toca* **bien** *el piano*.	Manuel spielt gut Klavier.
malo	**mal**	*Mi abuelo oye* **mal**.	Mein Großvater hört schlecht.

Weitere Adverbien:

siempre	immer	*tarde*	(zu) spät
nunca	nie	*casi*	fast
ahora	jetzt	*demasiado*	zu viel

Muy UND *mucho*

Muy (sehr) steht bei einem Adjektiv oder Adverb.

Vor Adjektiv:

| *La cerveza es* **muy** *buena*. | Das Bier ist sehr gut. |

Vor Adverb:

| *He llegado* **muy** *pronto*. | Ich bin sehr früh angekommen. |

Mit *mucho* (viel, sehr) bestimmt man ein Verb näher:

| *He trabajado* **mucho** *hoy*. | Ich habe heute viel gearbeitet. |
| *¿Te gusta la película? – Sí,* **mucho**. | Gefällt dir der Film? – Ja, sehr. |

Steigerung und Vergleich

GLEICHHEIT

Gleiche Eigenschaften von Personen oder Dingen vergleicht man mithilfe von *tan ... como, tanto como* und *tanto/-a/-os/-as ... como* – auf Deutsch: *(genau)so (viel) wie.*

tanto/-a/-os/-as + Nomen + *como*:

Tenemos **tanto** dinero **como** vosotros.	Wir haben **(genau)so viel** Geld **wie** ihr.
No tengo **tanta** suerte **como** tú.	Ich habe nicht **so viel** Glück **wie** du.

tan + Adjektiv + *como*:

Pablo es **tan** vago **como** Pepe.	Pablo ist **(genau)so** träge **wie** Pepe.

tan + Adverb + *como*:

Habla español **tan** bien **como** tú.	Er spricht Spanisch **(genau)so gut wie** du.

Verb + *tanto como*:

Pablo estudia **tanto como** Pepe.	Pablo lernt **(genau)so viel** wie Pepe.

UNGLEICHHEIT

Unterschiedliche Eigenschaften vergleicht man mit dem Komparativ (erste Steigerungsstufe). Er wird gebildet mit *más que* (mehr als) oder *menos que* (weniger als/nicht so ... wie).

más / menos + Nomen + *que*:

Gana **más** dinero **que** yo.	Er/Sie verdient **mehr** Geld **als** ich.
Hoy tenemos **menos** tiempo **que** ayer.	Heute haben wir **weniger** Zeit **als** gestern.

más / menos + Adjektiv + *que*:

*Cristina es **más** alta **que** Marta.*	Cristina ist **größer als** Marta.
*Esta película es **menos** divertida **que** la otra.*	Dieser Film ist **weniger** lustig **als** der andere.

más / menos + Adverb + *que*:

*He llegado **más** tarde **que** tú.*	Ich bin spät**er als** du angekommen.
*El padre corre **menos** rápidamente **que** el hijo.*	Der Vater läuft **nicht so/weniger** schnell **als** der Sohn.

Verb + *más / menos* + *que*:

*Tu amiga habla **más que** tú.*	Deine Freundin spricht **mehr als** du.
*El libro cuesta **menos que** el CD.*	Das Buch kostet **weniger als** die CD.

SUPERLATIV (HÖCHSTE STEIGERUNGSFORM)

Im Spanischen unterscheidet man zwischen dem relativen und dem absoluten Superlativ.

Der **relative Superlativ** wird mithilfe des bestimmten Artikels (+ Nomen) + *más/menos* + Adjektiv gebildet. Durch einen Zusatz lässt sich die superlativische Bedeutung zusätzlich unterstreichen.

bestimmter Artikel + *más / menos* + Adjektiv:

*Paco es **el menos simpático** (de todos los chicos de la clase).*	Paco ist **der unsympathischste** (von allen Jungen in der Klasse).
*Marta es **la más lista** (de todas las chicas de la clase).*	Marta ist **die schlauste** (von allen Mädchen in der Klasse).

bestimmter Artikel + Nomen + *más / menos* + Adjektiv:

*Esta es **la película más/menos interesante** (de todas).*	Dies ist **der interessanteste/ uninteressanteste** Film (von allen).

Bei der Angabe des Superlativs von Adverbien ist zusätzlich eine Konstruktion mit *el/la/los/las que* (wörtlich: der-/diejenige(n), der/die) *nötig*.

El abuelo es el que camina más lentamente.	Der Großvater läuft **am langsamsten**. (wörtlich: Der Großvater ist der(jenige), der am langsamsten läuft.)

Der **absolute Superlativ** drückt einen sehr hohen Grad einer Eigenschaft aus und wird bei Adjektiven durch das Anhängen der Endung *-ísimo, -ísima, -ísimos, -ísimas* gebildet.

Grundform		Superlativ	
guapo	hübsch	*guapísimo*	sehr hübsch, bildhübsch
triste	traurig	*tristísimo*	sehr traurig, todtraurig
feliz	glücklich	*felicísimo*	sehr glücklich, überglücklich

Der absolute Superlativ kann auch durch *muy* (sehr) + Adjektiv gebildet werden: z. B. *muy interesante* (sehr interessant).

Bei Adverbien hängt man an den absoluten Superlativ des femininen Adjektivs *-mente* an. Bei Adverbien mit eigener Form wird *-ísimo* direkt angeschlossen.

Grundform		Superlativ Adjektiv (feminin)		Superlativ Adverb	
lento	langsam	*lentísima*	sehr langsam	*lentísimamente*	sehr langsam
tarde	spät	—	—	*tardísimo*	sehr spät

Der absolute Superlativ kann auch durch *muy* (sehr) + Adverb gebildet werden: z. B. *Habla muy claramente.* (Er/Sie spricht sehr deutlich.)

WICHTIGE UNREGELMÄSSIGE STEIGERUNGSFORMEN

Adjektiv / Adverb	Komparativ	relativer Superlativ	absoluter Superlativ
bueno / bien (gut)	mejor	el mejor	óptimo
malo / mal (schlecht)	peor	el peor	pésimo
pequeño (klein)	menor	el menor	mínimo
grande (groß)	mayor	el mayor	máximo

Pronomen und Begleiter

PERSONALPRONOMEN

Subjektpronomen sind Personalpronomen im Wer-Fall (Nominativ). **Objektpronomen** sind Personalpronomen im Wen-Fall (direkte Objektpronomen) oder Wem-Fall (indirekte Objektpronomen). Bei den Objektpronomen unterscheidet man zwischen unbetonten und betonten (mit Präposition) Formen (letztere sind im Spanischen für beide Fälle identisch).

Subjektpronomen: Nominativ (wer?)

Singular	yo	ich
	tú*	du
	él, ella	er, sie, es
	usted	Sie
Plural	nosotros, nosotras	wir
	vosotros, vosotras*	ihr
	ellos, ellas	sie
	ustedes	Sie

* Anstelle des standardspanischen *tú* verwendet man in Argentinien, Paraguay, Uruguay und einigen Andenregionen Kolumbiens

183

vos. Anstelle von *vosotros/vosotras* verwendet man in den spanischsprachigen Ländern Lateinamerikas *ustedes.*

Direkte Objektpronomen: Akkusativ (wen/was?)

	unbetont	**betont**	
Singular	*me*	*a mí*	mich
	te	*a ti*	dich
	lo, la	*a él, ella*	ihn, sie, es
	lo, la	*a usted*	Sie
Plural	*nos*	*a nosotros, nosotras*	uns
	os	*a vosotros, vosotras*	euch
	los, las	*a ellos, ellas*	sie
	los, las	*a ustedes*	Sie

Indirekte Objektpronomen: Dativ (wem?)

	unbetont	**betont**	
Singular	*me*	*a mí*	mir
	te	*a ti*	dir
	le	*a él, ella*	ihm, ihr
	le	*a usted*	Ihnen
Plural	*nos*	*a nosotros, nosotras*	uns
	os	*a vosotros, vosotras*	euch
	les	*a ellos, ellas*	ihnen
	les	*a ustedes*	Ihnen

Die unbetonten Objektpronomen stehen immer unmittelbar vor dem konjugierten Verb: *¿Quién **te** llama a estas horas?* (Wer ruft **dich** so spät noch an?)

Die betonten Objektpronomen können je nach Redeabsicht (Betonung, Gegenüberstellung) vor oder nach dem konjugierten Verb stehen bzw. auch ohne Verb verwendet werden. Beginnt ein Satz mit dem betonten Objektpronomen, so muss dieses durch die unbetonte Form wiederaufgenommen werden.

A mí me gusta la musica pop. Y a ti?	**Mir** gefällt Popmusik. Und **dir**?
Pablo ha preguntado por ti.	Pablo hat **nach dir** gefragt.

DEMONSTRATIVBEGLEITER UND -PRONOMEN

Die Demonstrativbegleiter richten sich in Geschlecht und Zahl nach dem Nomen, das sie begleiten.

Este, esta, estos, estas bedeuten „dieser, diese, dieses (hier)" und weisen auf Personen oder Gegenstände hin, die sich in unmittelbarer Nähe des Sprechenden befinden.

	Singular		Plural	
maskulin	*este coche*	dieses Auto (hier)	*estos coches*	diese Autos (hier)
feminin	*esta casa*	dieses Haus (hier)	*estas casas*	diese Häuser (hier)

Ese, esa, esos, esas bedeuten „der, die das (da)" und weisen auf Personen oder Gegenstände hin, die sich in der Nähe des Gesprächspartners befinden.

	Singular		Plural	
maskulin	*ese coche*	das Auto (da)	*esos coches*	die Autos (da)
feminin	*esa casa*	das Haus (da)	*esas casas*	die Häuser (da)

Aquel, aquella, aquellos, aquellas bedeuten „jener, jene, jenes (dort)" und weisen auf Personen oder Gegenstände hin, die sich weder in der Nähe des Sprechenden noch des Angesprochenen befinden.

185

	Singular		Plural	
maskulin	*aquel* coche	jenes Auto (dort)	*aquellos* coches	jene Autos (dort)
feminin	*aquella* casa	jenes Haus (dort)	*aquellas* casas	jene Häuser (dort)

Die Formen der Demonstrativbegleiter stimmen mit den Formen der Demonstrativpronomen überein: *¿Qué blusa es más barata,* **ésta** *o* **ésa?** (Welche Bluse ist billiger? **Diese hier** oder **die da**?)

POSSESSIVBEGLEITER

Die Formen der Possessivbegleiter sind abhängig von Geschlecht und Zahl des Nomens. Im Spanischen unterscheidet man unbetonte und betonte Formen des Possessivbegleiters. Anders als im Deutschen wird das Geschlecht des Besitzers nicht definiert (man unterscheidet also z. B. nicht zwischen „sein Auto – ihr Auto").

Die unbetonten Formen des Possessivbegleiters werden dem Nomen vorangestellt.

Singular maskulin:

mi amigo	mein Freund
tu amigo	dein Freund
su amigo	sein, ihr, Ihr Freund
nuestro amigo	unser Freund
vuestro amigo	euer Freund
su amigo	ihr, Ihr Freund

Singular feminin:

mi amiga	meine Freundin
tu amiga	deine Freundin
su amiga	seine, ihre, Ihre Freundin
nuestra amiga	unsere Freundin

vuestra amiga	eure Freundin
su amiga	ihre, Ihre Freundin

Plural maskulin:

mis amigos	meine Freunde
tus amigos	deine Freunde
sus amigos	seine, ihre, Ihre Freunde
nuestros amigos	unsere Freunde
vuestros amigos	eure Freunde
sus amigos	ihre, Ihre Freunde

Plural feminin:

mis amigas	meine Freundinnen
tus amigas	deine Freundinnen
sus amigas	seine, ihre, Ihre Freundinnen
nuestras amigas	unsere Freundinnen
vuestras amigas	eure Freundinnen
sus amigas	ihre, Ihre Freundinnen

Die betonten Formen des Possessivbegleiters werden dem Nomen nachgestellt. Sie werden häufig prädikativ (d. h. in Verbindung mit einem Verb) verwendet: *El perro es mío.* (Das ist mein Hund. / Der Hund gehört mir.)

Singular maskulin:

*El perro es **mío** / **tuyo** / **suyo** / **nuestro** / **vuestro** / **suyo**.* (Das ist mein / dein / sein, ihr, Ihr / unser / euer / ihr, Ihr Hund.)

Singular feminin:

*La bolsa es **mía** / **tuya** / **suya** / **nuestra** / **vuestra** / **suya**.* (Das ist meine / deine / seine, ihre, Ihre / unsere / eure / ihre, Ihre Tasche.)

Plural maskulin:

*Los perros son **míos** / **tuyos** / **suyos** / **nuestros** / **vuestros** / **suyos**.*
(Das sind meine / deine / seine, ihre, Ihre / unsere / eure / ihre,
Ihre Hunde.)

Plural feminin:

*Las bolsas son **mías** / **tuyas** / **suyas** / **nuestras** / **vuestras** / **suyas**.*
(Das sind meine / deine / seine, ihre, Ihre / unsere / eure / ihre,
Ihre Taschen.)

Verb

REGELMÄSSIGE UND UNREGELMÄSSIGE VERBEN IN DER GEGENWART

Da die Verbendung bereits Informationen zur Person enthält, ist im
Spanischen das Subjektpronomen in der Regel nicht erforderlich:
Ich spreche wird nur mit *hablo* wiedergegeben. Die spanischen Verben werden entsprechend ihrer Infinitivendung eingeteilt in Verben
auf *-ar*, *-er* und *-ir*. An den Verbstamm der Verben werden dann die
jeweiligen Endungen angehängt.

Verben auf *-ar*

hablar		**sprechen**
(yo)	*habl**o***	ich spreche
(tú)	*habl**as***	du sprichst
(él, ella, usted)	*habl**a***	er, sie spricht / Sie sprechen
(nosotros, nosotras)	*habl**amos***	wir sprechen
(vosotros, vosotras)	*habl**áis***	ihr sprecht
(ellos, ellas, ustedes)	*habl**an***	sie / Sie sprechen

Verben auf -er

comer		essen
(yo)	como	ich esse
(tú)	comes	du isst
(él, ella, usted)	come	er, sie isst / Sie essen
(nosotros, nosotras)	comemos	wir essen
(vosotros, vosotras)	coméis	ihr esst
(ellos, ellas, ustedes)	comen	sie / Sie essen

Verben auf -ir

vivir		leben
(yo)	vivo	ich lebe
(tú)	vives	du lebst
(él, ella, usted)	vive	er, sie lebt / Sie leben
(nosotros, nosotras)	vivimos	wir leben
(vosotros, vosotras)	vivís	ihr lebt
(ellos, ellas, ustedes)	viven	sie / Sie leben

Wichtige Verben mit Abweichungen von den regelmäßigen Konjugationsmustern sind:

	jugar (spielen)	*decir* (sagen)	*hacer* (machen, tun)	*dormir* (schlafen)	*coger* (nehmen)
(yo)	juego	**digo**	**hago**	duermo	**cojo**
(tú)	juegas	**dices**	haces	duermes	coges
(él, ella, usted)	juega	**dice**	hace	duerme	coge

(nosotros, nosotras)	jugamos	decimos	hacemos	dormimos	cogemos
(vosotros, vosotras)	jugáis	decís	hacéis	dormís	cogéis
(ellos, ellas, ustedes)	juegan	**dicen**	hacen	duermen	cogen

Weitere wichtige unregelmäßige Verben:

	ser (sein)	**estar** (sein, sich befinden)	**haber** (Hilfsverb: haben, sein)	**tener** (Vollverb: haben)	**ir** (gehen)
(yo)	soy	estoy	he	tengo	voy
(tú)	eres	estás	has	tienes	vas
(él, ella, usted)	es	está	ha	tiene	va
(nosotros, nosotras)	somos	estamos	hemos	tenemos	vamos
(vosotros, vosotras)	sois	estáis	habéis	tenéis	váis
(ellos, ellas, ustedes)	son	están	han	tienen	van

Ser und *estar*

Im Deutschen werden sowohl *ser* als auch *estar* mit *sein* wiedergegeben. Im Spanischen werden die beiden Verben in unterschiedlichen Kontexten verwendet. Mit *ser* drückt man wesentliche Eigenschaften aus, mit *estar* vorübergehende Merkmale.

Wichtige Beispiele mit *ser*:

– Zeitangaben:

| **Son** *las dos.* | Es ist zwei Uhr. |

– Angaben zu Charakter bzw. Aussehen:

Es una persona muy honesta.	Er/Sie ist eine sehr ehrliche Person.

– Material- und Stoffangaben:

La blusa es de seda.	Die Bluse ist aus Seide.

– Herkunftsangaben:

¿De dónde eres?	Woher kommst du?

– Besitzangaben (mit *de*):

La casa es de la familia García.	Das Haus gehört der Familie García.

– Angaben zur Zugehörigkeit (Nationalität, Religion, Beruf, …):

Soy español.	Ich bin Spanier.

– Preisangaben:

Son 20 euros en total.	Es macht insgesamt 20 Euro.

Wichtige Beispiele mit *estar*:

– Gemüts- und Gesundheitszustände:

Estoy muy contento.	Ich bin sehr zufrieden.

– Ortsangaben (i. S. v. *sich befinden):*

Sevilla está en España.	Sevilla ist / befindet sich in Spanien.

Reflexive Verben

Reflexive Verben drücken eine Handlung aus, die sich auf die handelnde Person selbst bezieht (ich wasche mich). Reflexive Verben bestehen aus Reflexivpronomen (z. B. *me*) und Verbform (z. B. *lavo*).

lavarse		**sich waschen**
(yo)	**me** lavo	ich wasche mich
(tú)	**te** lavas	du wäschst dich
(él, ella, usted)	**se** lava	er, sie wäscht sich / Sie waschen sich
(nosotros, nosotras)	**nos** lavamos	wir waschen uns
(vosotros, vosotras)	**os** laváis	ihr wascht euch
(ellos, ellas, ustedes)	**se** lavan	sie / Sie waschen sich

Das Reflexivpronomen steht vor dem konjugierten Verb. Bei Verneinungen wird *no* vor das Reflexivpronomen gestellt.

Ana **se** peina.	Ana kämmt sich.
José **no** se aburre.	José langweilt sich nicht.

Modalverben

Die Modalverben (Verben der Art und Weise) lauten im Spanischen *querer* (wollen), *deber* (sollen), *tener que* (müssen), *poder* (können, dürfen) und *saber* (können, wissen). Einige von ihnen haben unregelmäßige Formen.

	querer	deber	tener que	poder	saber
(yo)	**quiero**	debo	**tengo** que	**puedo**	**sé**
(tú)	**quieres**	debes	**tienes** que	**puedes**	sabes
(él, ella, usted)	**quiere**	debe	**tiene** que	**puede**	sabe
(nosotros, nosotras)	queremos	debemos	tenemos que	podemos	sabemos
(vosotros, vosotras)	queréis	debéis	tenéis que	podéis	sabéis

(ellos, ellas, ustedes)	**quieren**	deben	**tienen** que	**pueden**	saben

PERFEKT

Man bildet das Perfekt, indem man – wie im Deutschen – die Präsensform des Hilfsverbs *haber* (haben) mit dem Partizip Perfekt des gewünschten Verbs kombiniert: z. B. **he** *hablado* (ich habe gesprochen).

	Präsens von *haber*	**Partizip Perfekt von** *hablar* **(sprechen)**
(yo)	*he*	*hablado*
(tú)	*has*	*hablado*
(él, ella, usted)	*ha*	*hablado*
(nosotros, -as)	*hemos*	*hablado*
(vosotros, -as)	*habéis*	*hablado*
(ellos, ellas, ustedes)	*han*	*hablado*

Das Partizip Perfekt wird in der Regel gebildet, indem man an den Verbstamm die Endung *-ado* (für Verben auf *-ar*) oder *-ido* (für Verben auf *-er* und *-ir*) anhängt:

Verben auf *-ar*	Verben auf *-er*	Verben auf *-ir*
-ado	*-ido*	*-ido*
trabajado	*comido*	*dormido*

Esta semana **he trabajado** *mucho.*	Diese Woche habe ich viel gearbeitet.
Hoy **hemos comido** *muy tarde.*	Heute haben wir sehr spät gegessen.
Hoy **he dormido** *poco.*	Heute habe ich wenig geschlafen.

Einige wichtige Verben bilden das Partizip Perfekt unregelmäßig:

abrir (öffnen)	*he **abierto***	*poner* (setzen, legen)	*he **puesto***
decir (sagen)	*he **dicho***	*ser* (sein)	*he **sido***
escribir (schreiben)	*he **escrito***	*ver* (sehen)	*he **visto***
hacer (machen, tun)	*he **hecho***	*volver* (zurückkehren)	*he **vuelto***
ir (gehen)	*he **ido***		

Das Perfekt wird im Spanischen für Handlungen verwendet, die zwar abgeschlossen sind, aber innerhalb eines noch nicht beendeten Zeitraums der Vergangenheit stattgefunden haben und noch einen Bezug zur Gegenwart haben. Häufig wird das Perfekt deshalb in Verbindung mit Zeitangaben wie *hoy* (heute), *esta semana* (diese Woche), *esta mañana* (heute Morgen), *este año* (dieses Jahr) oder mit Häufigkeitsangaben wie *muchas veces* (oft), *siempre* (immer) usw. gebraucht. Das Perfekt steht auch bei vergangenen Handlungen, die mit *ya* (schon) oder *todavía no* (noch nicht) ausgedrückt werden.

Se ha ido hace un momento.	Er/Sie ist gerade eben gegangen.
Este mañana hemos ido a Madrid.	Heute Morgen sind wir nach Madrid gefahren.
Hemos estado muchas veces en Sevilla.	Wir waren schon oft in Sevilla.
Ya he visto el coche nuevo.	Ich habe das neue Auto schon gesehen.

INDEFINIDO

Die regelmäßigen Formen des *Indefinido* lauten:

Verben auf -*ar*

hablar (sprechen: ich sprach/habe gesprochen, du sprachst/ hast gesprochen etc.)	
(yo)	*hablé*
(tú)	*hablaste*
(él, ella, usted)	*habló*
(nosotros, nosotras)	*hablamos*
(vosotros, vosotras)	*hablasteis*
(ellos, ellas, ustedes)	*hablaron*

Verben auf -*er*

comer (essen: ich aß/habe gegessen, du aßest/hast gegessen etc.)	
(yo)	*comí*
(tú)	*comiste*
(él, ella, usted)	*comió*
(nosotros, nosotras)	*comimos*
(vosotros, vosotras)	*comisteis*
(ellos, ellas, ustedes)	*comieron*

Verben auf -*ir*

vivir (leben: ich lebte/habe gelebt, du lebtest/hast gelebt etc.)	
(yo)	*viví*
(tú)	*viviste*
(él, ella, usted)	*vivió*
(nosotros, nosotras)	*vivimos*
(vosotros, vosotras)	*vivisteis*
(ellos, ellas, ustedes)	*vivieron*

Eine Reihe von Verben erhält im *Indefinido* einen neuen Verbstamm. An diesen neuen Verbstamm werden die folgenden Endungen angehängt: **-e, -iste, -o, -imos, -isteis, -ieron**

Zu diesen Verben mit neuem Verbstamm gehören unter anderem:

andar (gehen)	**anduv-**	*estar* (sein, sich befinden)	**estuv-**
decir (sagen)	**dij-**	*hacer* (machen, tun)	**hic-**
poder (können)	**pud-**	*poner* (legen, stellen)	**pus-**
querer (wollen)	**quis-**	*saber* (erfahren)	**sup-**
tener (haben)	**tuv-**	*venir* (kommen)	**vin-**

Weitere unregelmäßige Verben:

	ser / ir (**sein / gehen**)	*dar* (**geben**)	*ver* (**sehen**)
(yo)	*fui*	*di*	*vi*
(tú)	*fuiste*	*diste*	*viste*
(él, ella, usted)	*fue*	*dio*	*vio*
(nosotros, nosotras)	*fuimos*	*dimos*	*vimos*
(vosotros, vosotras)	*fuisteis*	*disteis*	*visteis*
(ellos, ellas, ustedes)	*fueron*	*dieron*	*vieron*

Das *Indefinido* (historische Vergangenheit) wird für Handlungen verwendet, die zu einem bestimmten Zeitpunkt oder innerhalb eines abgeschlossenen Zeitraums in der Vergangenheit stattgefunden haben und keinen Bezug mehr zur Gegenwart haben. Häufig wird das *Indefinido* deshalb in Verbindung mit Zeitangaben wie *ayer* (gestern), *anoche* (gestern Abend), *la semana pasada* (letzte Woche), *el año pasado* (letztes Jahr) usw. gebraucht.

La semana pasada **estuve** dos veces en Madrid.	Letzte Woche war ich zweimal in Madrid.
¿Donde **estuviste** ayer? – **Trabajé** hasta muy tarde.	Wo warst du gestern? – Ich habe bis spätabends gearbeitet.

In großen Teilen Lateinamerikas und in einigen Regionen Spaniens (z. B. Galizien und Asturien) wird anstelle des Perfekts fast ausschließlich das *Indefinido* gebraucht.

IMPERFEKT

Die regelmäßigen Formen des Imperfekts lauten:

Verben auf -ar

hablar (sprechen: ich sprach, du sprachst etc.)	
(yo)	*hablaba*
(tú)	*hablabas*
(él, ella, usted)	*hablaba*
(nosotros, nosotras)	*hablábamos*
(vosotros, vosotras)	*hablabais*
(ellos, ellas, ustedes)	*hablaban*

Verben auf -er

comer (essen: ich aß, du aßest etc.)	
(yo)	*comía*
(tú)	*comías*
(él, ella, usted)	*comía*
(nosotros, nosotras)	*comíamos*
(vosotros, vosotras)	*comíais*
(ellos, ellas, ustedes)	*comían*

Verben auf *-ir*

vivir **(leben: ich lebte, du lebtest etc.)**	
(yo)	viv**ía**
(tú)	viv**ías**
(él, ella, usted)	viv**ía**
(nosotros, nosotras)	viv**íamos**
(vosotros, vosotras)	viv**íais**
(ellos, ellas, ustedes)	viv**ían**

Die Verben *ser* (sein), *ir* (gehen) und *ver* (sehen) haben unregelmäßige Formen:

	ser	*ir*	*ver*
(yo)	era	iba	veía
(tú)	eras	ibas	veías
(él, ella, usted)	era	iba	veía
(nosotros, nosotras)	éramos	íbamos	veíamos
(vosotros, vosotras)	erais	ibais	veías
(ellos, ellas, ustedes)	eran	iban	veían

Das Imperfekt wird für Beschreibungen von Umständen oder Situationen in der Vergangenheit verwendet. Außerdem werden mit dem Imperfekt Gewohnheiten bzw. regelmäßig wiederholte Handlungen in der Vergangenheit wiedergegeben.

*El hotel **era** pequeño y barato.*	Das Hotel war klein und günstig.
*De niño siempre **iba** a jugar al fútbol.*	Als ich ein Kind war, spielte ich immer Fußball.

ZUKUNFT

Die regelmäßigen Formen des Futurs lauten:

Verben auf -ar

hablar (sprechen: ich werde sprechen, du wirst sprechen etc.)	
(yo)	*hablar**é***
(tú)	*hablar**ás***
(él, ella, usted)	*hablar**á***
(nosotros, nosotras)	*hablar**emos***
(vosotros, vosotras)	*hablar**éis***
(ellos, ellas, ustedes)	*hablar**án***

Verben auf -er

comer (essen: ich werde essen, du wirst essen etc.)	
(yo)	*comer**é***
(tú)	*comer**ás***
(él, ella, usted)	*comer**á***
(nosotros, nosotras)	*comer**emos***
(vosotros, vosotras)	*comer**éis***
(ellos, ellas, ustedes)	*comer**án***

Verben auf -ir

vivir (leben: ich werde leben, du wirst leben etc.)	
(yo)	*vivir**é***
(tú)	*vivir**ás***
(él, ella, usted)	*vivir**á***
(nosotros, nosotras)	*vivir**emos***
(vosotros, vosotras)	*vivir**éis***
(ellos, ellas, ustedes)	*vivir**án***

Eine Reihe von Verben erhält im Futur einen neuen Verbstamm. An diesen neuen Verbstamm werden die regelmäßigen Futur-Endungen (**-é, -ás, -á, -emos, -éis, -án**) angehängt. Zu diesen Verben mit neuem Verbstamm gehören unter anderem:

decir (sagen)	**dir-**	*haber* (Hilfsverb: haben)	**habr-**
hacer (machen, tun)	**har-**	*poder* (können)	**podr-**
poner (legen, stellen)	**pondr-**	*querer* (wollen)	**querr-**
saber (wissen)	**sabr-**	*salir* (hinausgehen)	**saldr-**
tener (haben)	**tendr-**	*venir* (kommen)	**vendr-**

Man verwendet das einfache Futur, um Zukünftiges zu beschreiben:

Pablo se casará con Ana.	Pablo wird Ana heiraten.

Man verwendet es außerdem, um Vermutungen anzustellen:

El curso de español costará unos doscientos euros.	Der Spanischkurs wird um die zweihundert Euro kosten.

Unmittelbar bevorstehende zukünftige Handlungen kann man auch mit *ir* (gehen) + *a* + Grundform des Verbes ausdrücken. Das Verb *ir* wird dabei in der Gegenwart konjugiert (Formen siehe unter unregelmäßige Verben in der Gegenwart).

Voy a comprar *el periódico.*	Ich gehe die Zeitung kaufen.
Va a terminar *el trabajo enseguida.*	Er/Sie wird gleich mit der Arbeit fertig sein.

KONDITIONAL

Die regelmäßigen Formen des Konditionals lauten:

Verben auf -*ar*

hablar (sprechen: ich würde sprechen, du würdest sprechen etc.)	
(yo)	*hablaría*
(tú)	*hablarías*
(él, ella, usted)	*hablaría*
(nosotros, nosotras)	*hablaríamos*
(vosotros, vosotras)	*hablaríais*
(ellos, ellas, ustedes)	*hablarían*

Verben auf -*er*

comer (essen: ich würde essen, du würdest essen etc.)	
(yo)	*comería*
(tú)	*comerías*
(él, ella, usted)	*comería*
(nosotros, nosotras)	*comeríamos*
(vosotros, vosotras)	*comeríais*
(ellos, ellas, ustedes)	*comerían*

Verben auf -*ir*

vivir (leben: ich würde leben, du würdest leben etc.)	
(yo)	*viviría*
(tú)	*vivirías*
(él, ella, usted)	*viviría*
(nosotros, nosotras)	*viviríamos*
(vosotros, vosotras)	*viviríais*
(ellos, ellas, ustedes)	*vivirían*

Eine Reihe von Verben erhält im Konditional einen neuen Verbstamm. An diesen neuen Verbstamm werden die regelmäßigen Konditional-Endungen (*-ía*, *-ías*, *-ía*, *-íamos*, *-íais*, *-ían*) angehängt. Zu diesen Verben mit neuem Verbstamm gehören unter anderem:

decir (sagen)	**dir-**	*haber* (Hilfsverb: haben)	**habr-**
hacer (machen, tun)	**har-**	*poder* (können)	**podr-**
poner (legen, stellen)	**pondr-**	*querer* (wollen)	**querr-**
saber (wissen)	**sabr-**	*salir* (hinausgehen)	**saldr-**
tener (haben)	**tendr-**	*venir* (kommen)	**vendr-**

Im Spanischen verwendet man den Konditional zum Ausdruck eines Wunsches oder einer Bitte.

*¿**Podría** cerrar la ventana?*	Könnten Sie das Fenster schließen?
***Querría** un kilo de patatas, por favor.*	Ich hätte gerne ein Kilo Kartoffeln.
*Me **gustaría** ir al cine.*	Ich würde gerne ins Kino gehen.

BEFEHLSFORM

Man unterscheidet zwei Formen der Befehlsform (Imperativ): den bejahten Imperativ (für Aufforderungen oder Befehle) und den verneinten Imperativ mit vorangestelltem *no* (für Verbote).

Die Formen des bejahten Imperativs lauten:

Verben auf *-ar*

(tú)	(usted)	(nosotros, nosotras)	(vosotros, vosotras)	(ustedes)
*habl**a***	*habl**e***	*habl**emos***	*habl**ad***	*habl**en***
sprich	sprechen Sie	sprechen wir	sprecht	sprechen Sie

Verben auf -er

(tú)	(usted)	(nosotros, nosotras)	(vosotros, vosotras)	(ustedes)
come	coma	comamos	comed	coman
iss	essen Sie	essen wir	esst	essen Sie

Verben auf -ir

(tú)	(usted)	(nosotros, nosotras)	(vosotros, vosotras)	(ustedes)
vive	viva	vivamos	vivid	vivan
lebe	leben Sie	leben wir	lebt	leben Sie

Die Formen des verneinten Imperativs lauten:

Verben auf -ar

(tú)	(usted)	(nosotros, nosotras)	(vosotros, vosotras)	(ustedes)
no hables	no hable	no hablemos	no habléis	no hablen
sprich nicht	sprechen Sie nicht	sprechen wir nicht	sprecht nicht	sprechen Sie nicht

Verben auf -er

(tú)	(usted)	(nosotros, nosotras)	(vosotros, vosotras)	(ustedes)
no comas	no coma	no comamos	no comáis	no coman
iss nicht	essen Sie nicht	essen wir nicht	esst nicht	essen Sie nicht

Verben auf -ir

(tú)	(usted)	(nosotros, nosotras)	(vosotros, vosotras)	(ustedes)
no vivas	no viva	no vivamos	no viváis	no vivan
lebe nicht	leben Sie nicht	leben wir nicht	lebt nicht	leben Sie nicht

Einige wichtige Verben haben im bejahten und verneinten Imperativ unregelmäßige Formen, darunter *decir* (sagen), *hacer* (machen, tun), *ir* (gehen), *poner* (legen, stellen), *salir* (hinausgehen), *ser* (sein), *tener* (haben) und *venir* (kommen).

Bejahter Imperativ:

	(tú)	*(usted)*	*(noso-tros, nosotras)*	*(voso-tros, vosotras)*	*(ustedes)*
decir	*di*	*diga*	*digamos*	*decid*	*digan*
hacer	*haz*	*haga*	*hagamos*	*haced*	*hagan*
ir	*ve*	*vaya*	*vayamos*	*id*	*vayan*
poner	*pon*	*ponga*	*pongamos*	*poned*	*pongan*
salir	*sal*	*salga*	*salgamos*	*salid*	*salgan*
ser	*sé*	*sea*	*seamos*	*sed*	*sean*
tener	*ten*	*tenga*	*tengamos*	*tened*	*tengan*
venir	*ven*	*venga*	*vengamos*	*venid*	*vengan*

Verneinter Imperativ:

	(tú) **no**	*(usted)* **no**	*(nosotros, nosotras)* **no**	*(vosotros, vosotras)* **no**	*(ustedes)* **no**
decir	*digas*	*diga*	*digamos*	*digáis*	*digan*
hacer	*hagas*	*haga*	*hagamos*	*hagáis*	*hagan*
ir	*vayas*	*vaya*	*vayamos*	*vayáis*	*vayan*
poner	*pongas*	*ponga*	*pongamos*	*pongáis*	*pongan*
salir	*salgas*	*salga*	*salgamos*	*salgáis*	*salgan*
ser	*seas*	*sea*	*seamos*	*seáis*	*sean*
tener	*tengas*	*tenga*	*tengamos*	*tengáis*	*tengan*
venir	*no vengas*	*no venga*	*no venga-mos*	*no ven-gáis*	*vengan*

VERNEINUNG

No bedeutet *nein, nicht* oder *kein*. In der Bedeutung *nicht* oder *kein* steht *no* immer vor dem konjugierten Verb.

*¿Eres de Madrid? — **No**, soy de Sevilla.*	Bist du aus Madrid? — **Nein**, ich bin aus Sevilla.
*Yo **no** sé.*	Ich weiß **nicht**.
***No** ha lavado la camisa.*	Er/Sie hat das Hemd **nicht** gewaschen.
***No** tengo hambre.*	Ich habe **keinen** Hunger.

Die Negationen *nada* (nichts), *nadie* (niemand), *nunca* (nie) und *ni ... ni* (weder ... noch) verlangen im Spanischen ein zusätzliches *no* vor dem konjugierten Verb (doppelte Verneinung).

*Ella **no** me ha dicho **nada**.*	Sie hat mir **nichts** gesagt.
***No** ha llamado **nadie**.*	**Niemand** hat angerufen.
***No** te lo diré **nunca**.*	Ich werde es dir **nie** sagen.
*Pedro **no** ha comido **ni** la carne **ni** las patatas.*	Peter hat **weder** das Fleisch **noch** die Kartoffeln gegessen.

Wenn die Negation am Satzanfang steht, steht vor dem Verb kein *no*: ***Nunca** te lo diré.* (Ich werde es dir **nie** sagen.)

Präpositionen

Präpositionen sind Verhältniswörter, die verschiedene Wörter bzw. Wortgruppen verbinden. Die wichtigsten spanischen Präpositionen sind: *a, de, con, desde, en, entre, hace, hasta, para, por, sin, sobre*.

Im Folgenden erhalten Sie einen Überblick über deren wichtigste Grundbedeutungen.

Die Präposition *a*

– Richtungsangaben:

*En verano vamos **a** España.*	Im Sommer fahren wir **nach** Spanien.

– Entfernungsangaben:

El Museo del Prado está a 500 metros de aquí.	Der Prado ist 500 Meter **von** hier entfernt.

– Uhrzeitangaben:

La película empieza a las ocho.	Der Film beginnt **um** acht.

– Angabe eines Zeitraums:

Trabaja de lunes a viernes.	Er/Sie arbeitet von Montag **bis** Freitag.

– vor dem direkten Objekt (wen? / Person)

He visto a José.	Ich habe José gesehen.

– vor dem indirekten Objekt (wem oder was? / Person oder Sachen)

Le mandé la carta a Pablo.	Ich habe Pablo den Brief geschickt.

Trifft die Präposition *a* auf den bestimmten Artikel *el*, so werden *a* + *el* zu *al* zusammengezogen: *andar al cine* (ins Kino gehen).

Die Präposition *de*

– Herkunftsangaben:

Juan no es de Madrid, es de Granada.	Juan ist nicht **aus** Madrid, er ist **aus** Granada.

– Besitzangaben:

El coche rojo es de Carlos.	Das rote Auto gehört Carlos.

– Materialangaben:

una blusa de seda	eine Seidenbluse

– Mengenangaben:

*un kilo **de** patatas y un litro **de** leche*	ein Kilo Kartoffeln und ein Liter Milch

– Angabe eines Zeitraums:

*Trabaja **de** lunes a viernes.*	Er/Sie arbeitet **von** Montag bis Freitag.

Trifft die Präposition *de* auf den bestimmten Artikel *el*, so werden *de* + *el* zu **del** zusammengezogen: *La moto es **del** padre de Pedro.* (Das Auto gehört Pedros Vater.)

Die Präposition *con*

– Angabe der Begleitung:

***con** mi hermana*	**mit** meiner Schwester

– Angabe der Art und Weise:

*café **con** leche*	Café **mit** Milch

Conmigo bedeutet *mit mir, contigo mit dir* und *consigo mit sich*.

Die Präposition *desde*

– Ortsangaben:

***Desde** mi ventana puedo ver la playa.*	**Von** meinem Fenster **aus** kann ich den Strand sehen.

– Zeitangaben (Zeitpunkt):

***Desde** 2009 vive en Valencia.*	**Seit** 2009 lebt er/sie in Valencia.

Eine Zeitspanne gibt man mit *desde hace* an: ***Desde hace** tres años estudiamos español.* (Seit drei Jahren lernen wir Spanisch.)

Die Präposition *en*

– Ortsangaben:

*Pasamos las vacaciones **en** España.*	Wir verbringen die Ferien **in** Spanien.

– Zeitangaben:

***en** verano, **en** agosto, **en** este momento*	**im** Sommer, **im** August, **in** diesem Augenblick

– Angabe des Verkehrsmittels:

***en** tren, **en** coche, **en** avión*	**mit** dem Zug, **mit** dem Auto, **mit** dem Flugzeug

– Angabe der Sprache

***en** alemán*	**auf** Deutsch

Die Präposition *entre*

– Ortsangaben:

***entre** la mesa y la silla*	**zwischen** dem Tisch und dem Stuhl

– Zeitangaben:

***entre** las dos y las cuatro*	**zwischen** zwei und vier Uhr

Die Präposition *hasta*

– Zeitangaben:

*Trabajo **hasta** las cinco.*	Ich arbeite **bis** fünf Uhr.

– Ortsangaben:

*Sigan por esta calle **hasta** la estación.*	Folgen Sie dieser Straße **bis** zum Bahnhof.

Die Präposition *para*

– Angabe des Zwecks:

*Este regalo es **para** mi hermano.*	Dieses Geschenk ist **für** meinen Bruder.

– Richtungsangabe:

*el avión **para** Barcelona*	das Flugzeug **nach** Barcelona

Die Präposition *por*

– Angabe der Ursache:

***por** el mal tiempo*	**wegen** des schlechten Wetters

– Zeitangaben:

***por** la mañana, **por** la tarde*	morgens, abends

– Preisangaben:

*Lo he comprado **por** tres euros.*	Ich habe es **für** drei Euro gekauft.